キリスト教は自然科学でどう変わるか

人格神…奇跡…来世

榎 十四郎
Enoki Toshiro

社会評論社

キリスト教は自然科学でどう変わるか◉目次

はじめに　7

I

人格神と自然科学　13
正統派の信仰／自然科学と自然科学的世界観／自然科学的世界観とは／人間はその自由で自然法則を撹乱するのではないか／自然科学は絶対的真理か／自然科学、自然科学的世界観は無神論、唯物論か／自然科学、自然科学的世界観ではキリスト教はどうなるか／神の義の支配／自由主義神学／ティリッヒの説／象徴、隠喩／まとめ

来世論　65
キリスト教の来世／天国と復活についてのコメント／来世の正統的解釈／ある牧師の答え／天国はどういう所か／霊的世界の記憶装置／生命の無限継続／永遠の生命／永遠における個人の存続／来世の意味／来世はどうなるか

人間的実在世界　111
人間社会の文化／いろいろな宗教がある／世界観は変わる

神義論について　127
神の無力／創造神信仰の矛盾／神の直接的自然支配がなければ／神の義と神の義の戦い

預言と予言　135
神の約束／預言は当たらない／事後預言／予言について／予言が当たるということ／占星術

Ⅱ

社会宗教と非社会宗教――153

非社会宗教／社会宗教／非社会宗教としての仏教／社会宗教の神・人格神／人格神と創造神／旧約の律法／イエスの律法／イエスと釈迦／二種類の愛／人格神信仰における個人の救い／仏教の救済とキリスト教／善悪は時なり／神の言

「無条件のゆるし」について――193

聖書的根拠／父は悪人にも善人にも太陽を昇らせ／規範がなければゆるしはない／無条件のゆるしは律法に先んずるか／無条件のゆるしは悔い改めに先んずるか／二種類のゆるし／十字架の贖罪なしのゆるし／ゆるされなければ存在しえない／無条件のゆるしは心の中のことである／再び著者の主張を／あなたは既にゆるされている／イエスの無条件のゆるし／受容ということ／神の義と無条件のゆるし／無条件のゆるしのルーツ／裁きがあるからゆるしがある／無条件のゆるしで人間はどうなるか

産めよ、増えよ、地に満ちよ――237

有限なる地球上での人口爆発／猿山と人口調節／人工避妊はなぜ悪か／人間が生きるための必要悪

あとがき　247

はじめに

これは私のキリスト教研究の三冊目である。私も七七歳になったから本を出すのはもう最後だろう。技術出身なので自然科学との関係がどうなるのかずっと気にかけていたが、どう書いてよいのかわからなかった。と言うより腹が決まらなかったと言うべきか。来世についても同様である。これが最後だとすると、どうしても自分の考えを書いておきたかった。私があと何年か生きるとしたら、これを土台にしてもう少し新しいことをつけ加えられるかもしれない。私は教会を離れるつもりがないので、なんとかつながりを残しておきたいと思っていろいろ考えたが、書いていると、考えはそれ自身の筋道に従って展開して行くので、ある所まではどうしても進んでしまう。

たとえば五〇歳ぐらいで癌にかかる人がいる。癌の中には絶望的なものもあるわけで、クリスチャンも当然悩み苦しむことになる。聖書には祈りは必ずきかれると書いてあるし、先輩の信徒の中には奇跡はおこると断言する人もいる。奇跡は本当におこるのだろうか。離れた所から見ている人からすれば、クリスチャンが祈れば奇跡がおこるなら、西洋人は癌で死なないはずだが、そういう話を聞いたことはない。と言って当事者は第三者の理屈をすんなりと納得できるわけがない。人は感情の荒波にもまれて物を考えるものだからである。こういうことも考えに入れてどう判断するかが、自然科学とキリスト教の問題である。来世についても似たようなことが言えよう。この年になってようやく答えを出したということは一筋縄ではいかないことの徴しだとも言えるが、とにかく私の考えられることを筋道をつけて述べたつもりである。

奇跡の問題は単に今の病気をなんとか切り抜けるということに止まらない。それを遡ってゆくと、世界を、その中の人間と世界との関わりをどう解釈するかという根本問題につき当たる。人間は生物の一種として自然の中で生き、考えるのか、または自然そのものが人間に似た人格神が創造したものであるか。後者であれば奇跡は原理的に可能であるはずである。人格神の問題はキリスト教にとって根源的な問題である。キリスト教について物を書き、本にするのはこれが最後だとすると、この問題について何か言わないで終わるわけには行かない。というわけでこの本の論文はすべてこのことに関わりがある。

私の想像では現代日本の神学者、牧師を始めとして信徒は皆自然科学の支配する文化の中で生きているわけだから、それとキリスト教信仰との矛盾を心の底のどこかで感じて毎日を過ごしているはずである。いつかそれを正面からつき合わせてみたいという誘惑にかられることがあるのではないか。

私の答えに賛成するかどうかは別にして、キリスト教信仰をもつということは原理的にどういう考え方を選択しているかをはっきりさせる意味はあるだろう。

キリスト教はヨーロッパ社会で二〇〇〇年間支配的な思想であったのだから、長い間の蓄積があり、アマゾンの密林のようなもので、その中にどういうふうに分け入って行くかが難しい。人間にとって宗教とは何か、人間は何を信じているのかという疑問に答えるのが私の目標であるがなかなかそこまではまだ遠い。

I

人格神と自然科学

キリスト教の神は人格神であり、自然と人間を創造し、自然の運行を支配するとともに、人間の社会生活に規範を与え、それに従わない者を裁く。規範は、旧約では律法と呼ばれ、法律、道徳、習俗、祭儀など生活の隅々に及ぶ。規範はまた神の義と呼ばれ、義は正しいという意味である。律法を守る者に神は幸福を与え、違反する罪人には苦難を与える。この信仰を裏返せば不幸、不運な人は罪があったと見なされる。違反者救済のために贖罪のシステムがある。これが旧約、新約を貫く神の義の思想である。これを現実のものとするためには神は自然と人間社会に操作の手を加えねばならない。神ヤーウェは自分に従うユダヤ人のために、イエス・キリストは自分に従う信徒のために自然法則を曲げてその運行に介入する。これが奇跡である。

「そこで預言者イザヤが主に祈ると、主は日時計の影、アハズの日時計に落ちた影を十度後戻りさせられた」（列王記下二〇11）。神はイザヤの言うことを聞いて太陽の運行を後戻りさせたのである。現代のわれわれの知識で言うと、地球は突然自転を止めて反対方向に廻り、再び元に戻ったことになる。われわれの科学知識ではそういうことは絶対不可能である。無から世界を造った神には不可能はないと言う人がいるかもしれないが。

「イエスは言われた。『神を信じなさい。はっきり言っておく。だれでもこの山に向かい、〈立ち上がって、海に飛び込め〉と言い、少しも疑わず、自分の言うとおりになると信じるならば、そのとおりになる』」（マルコ一一22―23）。イザヤやイエスにその力があるわけはないから、動かすのは神である。この考え方が聖書の信仰であり、キリスト教の信仰である。ではすべてのクリスチャンがそう信じているのだろうか。

一九九八年七月号『福音と世界』（新教出版社）に阪神大震災についての文章がある。「もう一方で、震災直後に目についてあまりいい感じがしなかったのは、一部の熱狂派のキリスト教グループです。……私には熱狂派のキリスト教と見えるグループが仮設住宅に入っていき、トラクト配りをいたしました。そして、あなた方の罪がこのような災害を生んだのです、悔い改めなさいと言って、被災者にキリスト教を伝えていこうとしていました」。これを書いている、日本基督教団所属の教会の牧師は、災害は自然現象なので人間の罪とは無関係と考えているらしい。正統派とみなされる人々の中にもいろいろな意見がある。そこで、自然科学が支配する現代に生きるクリスチャンとしてはどう考えるのが妥当であるかを研究するのがこの章のテーマである。

私が経験して知っているのは日本のプロテスタント教会だけであるが、カトリック教会については聞きかじりと書物での知識がある。カトリックは巨大だが一つの組織であり、教理について書かれた公式の文書があるのでそれを読むことができる。カトリックは超自然をはっきりと信じているので、当然自然科学との問題を抱えている。現代日本のプロテスタント教会のほとんどの神学者や牧師は新正統主義と呼ばれるバルト神学の流れの中にあり、聖書の記述をそのまま認めるようである。少なくとも建て前としてはそのように見える。カトリックにしてもプロテスタントにしても、現代では考え方が多様化していて、細かく言うと一人一人違うらしいが、おおよそは以上のように言ってよかろう。

ヨーロッパでは第一次世界大戦前までは自由主義神学の支配した時代があり、超自然を認めなかった。従って自然科学との問題はなかった。しかし私の知識はドイツの神学者の著書によるもので、同じ時代のイギリスやアメリカ、北欧がどうであったか、またドイツでも教会の実際がどうであったかなどについては知識がない。自由主義神学については本章の終わりの二節、「自由主義神学」「ティリッヒの説」で紹介する。これらもキリスト教であるから人格神を信じている。その中にも奇跡を認めない人々もいるのである。

というわけで、以下の議論の相手は超自然を信ずる正統派の人々ということになる。

正統派の信仰

『宮田光雄集〈聖書の信仰〉Ⅱ　聖書に聞く』（岩波書店）に次のようにある。「いっさいの自然科学や悟性の反論や懐疑に抗してイエスの復活を信じねばならないのか、という重い気持ちは、もはや生ずる余地はなくなります」。「この世の法則によって十字架につけられ、十字架で殺されたそのイエスは復活された、と聖書は証言しています。それは、この世の法則、この世を支配する力が、すでにイエス・キリストの復活という事実において打ち破られたと言えるのではないでしょうか」。

宮田氏は一九二八年生まれ、東北大学名誉教授、政治学専攻の学者であるが、この人は明瞭に、自然法則とは別のキリスト教の神の力が自然の運行に介入することがあると信じている。現代日本においてこういう知識人が、このように断言するのを読んで人はびっくりするかもしれない。しかしキリスト教信仰の建て前としてはこれは全く珍しくもない、当然の発言である。プロテスタントの信仰は聖書主義だと言われるが、新約聖書の福音書には疑いもなくイエスは肉体の形で復活したと書いてある。私の所属する日本基督教団の信仰告白の中には使徒信条がある。使徒信条は、宗派の違いはあっても、キリスト教と呼ばれる、世界中のすべての教会で毎週の礼拝に唱えられていると思われる。この中にはイエスの処女降誕、復活、昇天、再臨、最後の審判、信徒の復活が明瞭に述べられている。使徒信条が最終的に現在の形に制定されたのは八世紀だと言われるが、その以前から、異端と戦うためには誰が本当の自分たちの仲間であるかを確定する必要があり、信条の制定が教会にとって不可欠であることは認められていた。その時代の信徒がこの言葉を文字通り信じていたことは確かである。しかし自然科学がゆきわたった現代においては、超自然現象がだんだんと信じられなくなって来ている。

先に述べたように、教会では今でも昔の使徒信条を修正することなくそのまま唱えている。それは表向き、それがそのまま信じられていることを意味する。私の所属している、礼拝出席三〇名くらいの小さな教会でも、それが信じられるのかという疑問が提示されることはない。もっともその三分の二は五〇歳以上の女性である。女性だからそうだと言えば叱られるだろうが。私の見るところ、そのことは三〇歳以下の会員がほとんどいないこと、特に若い男性は求道者と見られる人も皆無だということに表れていると言えそうである。キリスト教が日本社会に受け入れられにくいのは、単に超自然信仰のみによるものとは言えない。現代の若い人でも占いや霊の世界を信じている人は珍しくないのであるから。そのことについては別に論じなければならないのだが、超自然信仰がその理由の大きな一つであることは間違いあるまい。そして恐らく、同じことがヨーロッパ諸国でのキリスト教退潮についても言えるであろう。

使徒信条が現代でもそのまま唱えられるのはなぜか。神学者たちも上述のことに充分気づいているはずなのになぜ修正しようとしないのか。私の知見では現在教会が採用している路線は二つである。一つはこれはあくまで真理だとする主張であり、教会は公式にはどこでもこの方式をとっている。このために、自然科学は物の世界にのみ関わり、宗教は人間の生きる意味や価値にかかわるもので、領域を異にするので問題はないという主張がなされることがある。これが本章の主要な検討すべきテーマである。もう一つは合理化論である。信条の言語表現をそのまま残して、現代の世俗思想が了解できるように合理的な解釈をしようとするものである。それが象徴論、隠喩論などである。私は『旧約と新約の矛盾』(ヨルダン社)の「はじめに」の中で「キリストや神の実体存在が言葉の霧の中に消散しそうで恐いのではなかろうか」と書いたが、私のその後の研究は進んでいない。

今の私の印象では、この言葉の問題で宗教を論ずるときの核心は、いわゆる「指示」「対象指示」の問題、すなわち宗教の言葉が何らかの実体、恒常なるものを指示しているという保証があるだろうかということにある。こういうことをつきつめて行くと認識論や現象学につき当たるであろう。私はまだ不勉強だが、後に少しは触れるつもりである。

しかし、本来はそのまま事実だと信じられてきた事柄を象徴だとか隠喩だということで、一応は元の表現をそのまま残したとしても、それが前と全く同じだとは言えないはずである。それに教会員のほとんどを占める平信徒はこういう解釈を全く理解しようとはしないことは確かである。

自然科学と自然科学的世界観

自然科学とは、世界を心と物とに二分して考えた場合、物の世界の法則を研究する学問である。仮説は検証されて法則とみなされるようになる。自然科学は長い間に徐々に進歩して来たのであって、自然のすべてが解明されているわけではない。最近は相対性理論や量子力学が現れ、不確定性原理は自然現象に偶然を認めると言われる。しかし先日の人工衛星の打ちあげ失敗やコンピュータの二〇〇〇年問題に関してそういう偶然による故障の心配はないらしい。私はこういうことにほとんど知識がないので、難しい理論は別にして私の知識の範囲で考えよう。

自然科学そのものの取り扱う範囲は物の世界に限られるのであるが、その思想は自ずからその範囲を超え出て世界全体を解釈しようとする。それを自然科学的世界観と名づけよう。その動きは人間心理としては必然的なもので誰にもとどめることはできないように見える。
世界には物だけでなく人間の社会がある。社会には人間の風俗習慣、道徳、法律、政治、宗教、芸術、学問、娯楽、など自然界にはない心の世界がある。それらを動かす原理は自然科学の扱う分野を超えている。それは人間が生きる上での意味や価値の問題にかかわっている。自然科学的世界観の中には自然科学の自然理解と、それに基づく人間世界を含む世界全体の解釈である世界観が含まれている。

自然科学と自然科学的世界観との間の境目ははっきりしているかと言うとそうではない。物と心をはっきり切り分けることは本当は不可能なのである。最近の物理学は極めて高度な数学でできていて、数学は人間の考えであって物ではない。動物や人間の進化で身体や生命を扱うとなるとどうしても世界観に踏みこむことになる。身体は物であり物でない。生命は単なる物の活動ではない。今の私にはこの点を解明する力はないし、当面の私のテーマに関係がないので以下の議論でもこれ以上立ち入らない。始めから自然科学と自然科学的世界観を併せて論ずることになったのもそのためである。次の節で私の考えている自然科学的世界観について、キリスト教の教理との関わりも加え述べることにしたい。

あらかじめ述べておくならば、そこで私が、自然は自然法則に従って動いていると書いているのは自然科学の考えであるが、自然が人格神によって動かされているという〝信仰〟を認めないと書いているのは世界観の領域に入っている。人格神は生きることの意味や価値に決定的な関わりがある。続く創造についても同様である。自然科学は物の世界に限定されるべきものであり、それを動かす力として別に創造神を想定したりすることについては、その是非を言わずに、ただ自然科学はそういうことに関与しないと言うべきである。神による創造や支配が、自然科学が考える自然の活動についての理論に触れない限りは沈黙を守るのが正しい。それを超えるのは世界観に属する。

一例としてキリスト教正統派の信仰をもっている科学者がいて――そういう人は欧米にはいくらでもいると思われるが――物理学、医学等々の研究をし成果を発表したとして、その業績が自然科学として適正なものであればその人の信仰が問題になることはない。しかし飛行機の墜落事故が神や悪魔によって起こされたと主張する人は科学者の仲間から排除されるだろう。自然科学は進化論を正しいと考えるので、創世記の天地創造の記述が文字通り事実だとする主張は誤りだとする。しかし進化のすべての過程の裏に神が隠れていてそのように進化させたのだと主張する人がいても――それを継続的創造説と呼ぶ――それは自然科学の範囲外のこととして科学者は黙殺するだろう。

以上を要約すると、物と全く関わりのない神、霊、来世の有無、神の天地創造など、自然科学の立場からはそれが正しいかどうか全く検証しようもない信仰上の言明に科学は関与しない。人格神の存在についても、それが物の動きに全く触れることがなければ否定することはないし、また賛成もしない。しかし奇跡の場合のように物の動きを伴う場合は別である。神が太陽の運行を一時逆行させたり、イエスが水をぶどう酒に変えたりの奇跡を科学は否定する。イエスの復活が蘇生であれば昔そういうことがあったかもしれないと思うかもしれないが、完全に死んでそこから復活したという説は承認できない。イエスが弟子たちの見る前で昇天したりしたことも、人々の目に見える現象として描かれているのだから、そういうことは起こり得ないと考える。イエスの再臨や、終末に神が突然出現して世界を支配するというような空想を現実のこととして主張する人々に反対する。

後の章で紹介するが、第一次世界大戦の前、ドイツに自由主義神学の時代があった。高名な神学者ハルナックは『基督教の本質』（岩波文庫）の中で言っている。「時間と空間との中に起る事件は運動の一般的法則に従ふこと、故に此意味での、即ち因果律の破壊としての奇蹟はないことを、我々は堅く信ずる」。自由主義神学の人たちもキリスト教の伝統の中に生きていて人格神や永遠の生命を信じていた。恐らく自然については、神が自然法則に従って運行させていると考えたのであろう。彼らが人格神信仰を捨てることなど考えられないわけで、自然科学に直接衝突するところだけを切り捨てたのである。

これに対して人格神も創造神も信じていない日本人が、自然科学から自然科学的世界観へ向かって一歩を踏み出すのには何の抵抗もなかった。それは日本には仏教があるからで、仏教には元来人格神はないし、縁起説は自然科学とぴったりで何の異和感もない。しかし仏教は唯物論ではない。仏教にも浄土真宗の人格神信仰があるが、阿弥陀仏は創造神ではなく、自然や人間社会を常時支配してはいないと思う。それ以外にも日本には神仏に祈願して奇跡的な治癒や救済を願う民間信仰があるが、その神仏はキリスト教の神のように全能ではない。どの程度の力をどの程度の範囲に及ぼし得るのか誰も疑問に思わないし、極めて曖昧なままである。私は『体制宗教としてのキリスト教』（社会評論社）の「あとがき」で地蔵信仰にふれたが、祈る人々は神が本当に存在するのか、本当に力があるのかを全く問題にしていない。とにかく祈る対象があることが肝心なのである。そういう社会に生きているわれわれは、無意識のうちに自然科学の考えをそのまま拡張して自然科学的世界観とするだろう。人格神を考えないということは、それが存在しないということと等しいのである。

いくつかの辞書を調べたが、自然科学的唯物論という言葉はあったが自然科学的世界観という言葉はなかった。先に紹介した自由主義神学では人格神と自然科学は共存している。人格神とも唯物論とも共存できる思想は欧米では世界観たりえないであろう。私はこういう言葉が当然あるものと思っていた。たとえ私の造語だとしても日本人は、そして欧米でも科学者、技術者のほとんどはそういうものだとして受け入れてくれると思うので、このままこの言葉を使いたい。

以上で述べた奇跡と自然科学的世界観が、教会側の弁明としての、宗教と自然科学は領域を異にするという分離独立論を崩すはずだと私は考える。前者は理論的に、後者は実際的に。

自然科学的世界観とは

以下に私の考える自然科学的世界観について述べよう。

一、自然は自然法則と呼ばれる法則に従って運行している。それは宇宙のどこでも同じであり、過去も未来もかわることはない。それ以外に自然を動かす力はない。たとえば、自然の向こう、または中に神と名づけられる人間によく似たものがいて、その考えで自然が動かされているというような〝信仰〟を認めない。

二、自然科学的世界観は宇宙が誰かによって造られたとは信じない。その考えが誤りだと言うのではなく、そういうことを考えようとしないという意味である。とにかく宇宙は今のようにある。なぜあるのかとは問わない。たとえば誰かが造ったと主張する人がいたとしても、そのことを調べる手段が全くないのだから、考えても無駄だということである。

人間は地上に生まれて後しばらくたつと死ぬのであるが、自然科学的世界観ももちろんそのことは認める。そこに、全能なる神がいて人間を無から造ったのだから、死は、神から処罰されて無に帰ることを意味するという解釈があったとしても、その説に賛成しない。それは昔のある時代、ある地方の人々がそう考えたということ以外に根拠はないと考える。宇宙の創成についてビッグ・バンということを聞くが、それは宇宙の活動のプロセスについての仮説であって、誰が宇宙を造ったかという問題とは全く別のことである。

三、自然科学は、地球の歴史、生物の発生、進化、人間の文明の発達についての説明をもっている。地球は、始めは溶鉱炉の中のように融けた高温の物体であったのが次第に冷却し、表面に地殻の岩石ができ、水蒸気が水になり海ができた。岩石と地層の間に生物の痕跡である化石が見出される。地球表面は最初は生物が生活できるような環境ではなかったので無機物しかなかったわけだが、そこから有機物ができ、それをもとにして生物が発生したのであろう。生物は最初簡単なものから漸次複雑なものに変わっていった。それを進化と呼ぶ。その進化の終わりの段階で、人間は猿の類から枝分かれして今日の形になったものである。人間の文明は一万年くらいの歴史をもっている。石器時代、青銅器時代をへて、紀元前三〇〇〇年頃以降、地域によって早い遅いはあるが、人類は鉄器を使うようになった。その後の歴史は比較的よく知られている。

以上述べたことは高校の教科書に記されている。それはどこの国でも同様ではないか。われわれは正確には記憶していないが、おおよそそういうものだということは一般に了解されている。

四、以上のように、人間は進化の過程で今のような形として地球上に出現したもので、自然の一部、生物、動物の一種類だと自然科学的世界観は考える。

人間には物質である身体とは別に心がある。心の世界があることは事実である。しかし人間だけに霊魂と呼ばれるものがあり、それが、身体が消滅した後も、言わば人間そのものとして生前の記憶を保存して生き残るというように自然科学的世界観は考えない。蟻が潰され、犬や猫が死んで、彼らの個体としての生はそこで終わるように、人間も身体が死ねば、個体としてはそこで消滅する。

人間は結婚すれば子孫を残すことができる。子孫の中にその人の遺伝子が保存される。それはすべての生殖を行う生物について同じである。心の世界があり、その中で他の人々に記憶され、また生前の業績がいつまでも保存されるということがある。これも一種の永生とみなされるが、何かをなす主体としての人間は、身体が消滅したときに消滅するのだと、自然科学的世界観は考える。

なお、人間が自然の一部であることの意味合いを確認しておこう。地球の歴史は人間の歴史より長い。人間が出現する前から地球はあり、人間の消滅の後も地球は存在しつづけるであろう。進化の途上で人間社会は言葉をもつようになり、そこから精神生活が発達した。宗教、道徳は人間の文化の一面であるから、人間種属が死滅すればそのときそれもまた死滅するであろう。それは一個人が死ねばその全生涯の記憶が消え去るのに等しく、またたとえば、ある島に孤立している一部族が死滅すれば、彼らに固有の文化、宗教、道徳も永久に消滅するのと同じである。キリスト教の神、信仰、神の義も本質的に同じ運命を辿るであろう。

以上が自然科学的世界観の描く人間の運命である。人間の宗教は人間の文化の一部であって、異なる宗教をもつ人間集団は異なる歴史をもつことは当然であるが、人間の宗教は人間が造ったものである。神が人間の文化、歴史から独立して実体として存在し、却ってそこから人間に働きかけるということを自然科学的世界観は信じない。

五、人間には心の世界がある。心の世界と物の世界は身体、とりわけその一部である脳でつながっていると自然科学は教える。心は身体を通じて外部の自然に働きかける。また身体の変化は心の変化として現れ、心の動きは直ちに身体の動きにつながっている。このように心と身体とは密接につながっているが、そのために身体が自然法則とは違った動きをすることがあるとは、自然科学は考えない。

また、人間の心とよく似た、目に見えない神の世界というものがあり、それが人間の心の世界とつながっており、また神は人間世界を操作するために直接物の世界を動かすという考えをとらない。たとえば人間に罪があることを見つけ、その人を事故にあわせたり病気にしたりするということだが、自然科学的世界観はこういう考えを否定する。この場合、神が自然法則に従わない場合と従う場合があるとして、前者は先に述べた奇跡であって、自然科学では否定される。後者については、神が操作したこと、またはある自然現象にそういう意味があることを確認する手段がないので無視される。

六、自然科学は来世について何も言わない。物の世界を研究するのが仕事であるから、来世には関心がないと言えるであろう。目に見えない世界に関心がないというのではない。電波は目に見えないけれど計測器を動かす。だから霊魂というものがあって、そこから何か波動が送られてきて、それが計測器によって把捉できるとすれば、自然科学は当然そのものに関心をもつ。それは自然現象の一つとみなされる。たとえば「霊のからだ」「霊体」とでも呼ぶべきものがあって、それはくらげのように透明でぐにゃぐにゃした物体で、その中にコンピュータが内臓されているとする。今のように小型の記憶装置が作り出されるとすると、またその装置を造っている物質が何か透明な有機物である可能性もないとは言えない。その霊体は太陽光線からエネルギーを吸収して活動している……。私はあまり空想力がある方ではないので、これから先には進まないのだが、そういう生物がいれば科学はそれを取扱うであろう。また霊体というものが、今の宇宙の物質とは全く異質の何かでできていると考えてもよさそうだが、そこまでくると、今のわれわれには全く手がかりがないことになり、とめ度のない空想に入り込むだろう。

霊は物質ではない。しかしパウロの言う「霊のからだ」は物質なのか物質でないのかはっきりしない。霊だけの世界である来世は自然科学で捉えることはできないので当然無視される。あるかと問われれば自然科学的世界観は、ないと答えるだろう。

人間はその自由で自然法則を撹乱するのではないか

自然法則は不変だとしても、人間は自由なのだから、人間を含めた自然界全体の運行は自然法則とは違っているのではないかという疑問がありうる。人類は現在六〇億人になったのであるから、すべての人間が自由で自然法則に従わないとしたら、地球上の自然の運行は当然混乱しているはずである。

人間の身体は自然の一部であるが、人間の心は自然とは別のものであり、自由だと言われる。自由はさまざまな意味をもっていて、ひどくまぎらわしく、人間は本当は自由ではないのだという説をなす人もいる。ルターには「奴隷的意志について」という論文があって、「神は不変で誤ることのない意志によって一切を予見し約束し、為したもうのであるから、すべては必然ということになり、人間の自由意志ということはありえない」という議論をしている。こういう議論がおかしいのは、神が全能で全知、すべてを予知するという前提がおかしいからであるが。

政治的、経済的自由という言葉、貧困からの自由、圧制からの自由などの言葉はよくわかるが、この自由は自然法則とは無関係である。法律は人間が自由であるとする建て前で出来上っている。旧約の律法も人間が本来自由で、それを実行できるという建て前に立っている。しかしここでも自由は自然法則とは関係がない。私は哲学的に自由を定義する力はないが、一応人間は自由だと仮定してどうなるのかを研究してみよう。

私には私の腕を動かす自由がある。右でも左でも動かせる。人間が原理的に自由な存在であるとしたら、自然法則に従わない自由もあり、自然の運行を撹乱する可能性があるはずであろう。しかしそういうことを聞いたことはない。それはなぜか。私なりの説明を試みてみよう。

飛行機は自然法則に従って飛んでいるが、人間のいない動物だけの世界だったら飛行機が造られたとは思えない。これは人間が造ったものである。人間は自然法則に従って物を造るのだが、飛行機ができるまでのプロセスのどこかで人間の選択が働いている。河の水が流れるのは自然法則だが、その中に杭を打つと流れが変わる。変わった流れは自然法則によっており、杭を打つ行為も自然法則に従ってなされるのだが、打とうと決めるのは自然ではなく人間である。人間の選択はどこで働いているのか。その選択の結果自然法則は歪められてはいないが、そういう選択はどのようにして起こるのか。

身体の活動は自然法則に従うのだから、問題が起こるのは心と身体との接点にちがいない。飛行機が飛ぶかどうかも最初の出発点は人間がその目的のために手足を動かすところにあるわけで、そこで心と身体とはどう関わっているのか。

『旧約と新約の矛盾』の中の「外から訪れるもの」の章に私はこう書いた。「生物体としての脳の活動は一時も止まないのであるから、その心の中の表現である想念もまた一瞬も動きやまない。さまざまな想念が、天空に白雲が生じまた消えるように、生じては消え、また生起しているに違いない。人の意識は身体の外の世界に向かって開かれていて、それらの浮遊する想念がハッキリ意識されることは少ない。それらのうちのあるものが私のものとされ、また私と同一視されるのであろう。

そのメカニズム及びわたしというものについては、現在の私にはよく分からないのであるが、想念の生起については、これは事実であって推測や概念ではない。極めて明瞭な事実である」。私の研究はこの時点からほとんど進んでいない。

今これにつけ加えるならば、こうなるであろうか。私の脳と心は併せて一つのブラックボックスであって、私は外界からのインプットにここで反応して、アウトプットとしての私の行動を提出する。ブラックボックスの中は、親から与えられた身体に固有の欲望、感情、子供の頃から積み重ねられた知識、経験の記憶などが重層構造をなして納められている。そこから現在の私の欲望、感情、知識が出てくる。それらは一元的ではなく、欲望、感情を抑制し規制しようとする社会規範も含まれている。このブラックボックスからコンピュータの操作のように、一定の時間の後にすべての与えられた条件を計算に入れた結果が確定された形でアウトプットされるかというとそうではない。古い記憶で忘れられたもの、忘れられかかったもの、いわゆる無意識と呼ばれるものがある。微弱な刺戟があり新しく強い刺戟もある。内部に葛藤があり、なかなかアウトプットがなされないこともある。やむを得ず一時決めたような顔をして暫くしてひっくり返すこともある。だからアウトプットというものも極めて曖昧である。

さて、そういうブラックボックスの中のメカニズムを必然と呼ぶべきか、自由な選択と呼ぶべきか、ほんとうの所分かりかねる。第一わたしというものが何かよく分からないのであるし、そのわたしがブラックボックスの中の操作に指示を出すとは思えないので、結局は必然と考えざるを得ないのであるけれど。

そこで私はもう一度考え直して、心と脳ではなく、それを含む身体の全体を一つのブラックボックスと考えることにしよう。私の身体が感覚器管で刺戟を受け取り、私の身体が外界に向かって反応する。それはちょうど動物を観察する場合に似ている。私は犬や猫の心をうまく想像できないが、彼らは心を持っているかもしれないが、外からは見えない。人間の場合も心をブラックボックスである身体の中の一つの機能とみなす。そうすれば私が存在するかとか自由であるかとかを考えずにすむ。私は私の代わりに私の身体を置きかえる。私の身体を外から眺めると、先に述べたように、私の身体が世界の中に生きて活動していることによって、自然法則を歪めたということは観察されない。そこで私は自由であるかもしれないが、その自由は動物の身体の中の動きと同じ効果しかもたないとすることができる。人間は確かに飛行機などを造ったりして自然にできないことをするので、自由であると言うべきかもしれないが、飛行機は自然法則を歪めたりはしない。人間は自由であるとしても、人間がいることによって自然法則による運行は全く影響を受けていない。以上で、当面の問題についての一応の回答としよう。

自然科学は絶対的真理か

『旧約と新約の矛盾』の中の「復活について」の章で私は「イエスの復活は二千年前の歴史上の事件であるから、これが事実であったものかどうかを、今議論して決定することは不可能である。とすれば、あとは信仰というか、推測というか、その人の世界観による選択の問題である。信じたいという強い欲求をもつ人は信ずるし、奇蹟的な治癒を経験したと信ずる人々も、その経験から類推して信じ易いであろう」と書いた。私は自然科学は絶対に正しい真理だから、復活信仰は間違っているとは主張していない。同様のことを「終末論（再臨）について」の章で「終末論を信ずるかどうかは結局のところ信仰の問題であろう。終末が来ることの証明も、来ないことの証明も厳密には不可能であるのは、イエスの復活が事実であったかどうかの議論に似ている。宇宙、世界についての現代人の知識、その中での人間についての知識、人間の歴史と動物としての人間の身体についての知識、聖書の成立についての知識、それらを綜合的に考え合わせて、いずれの思想に妥当性があるかの判断になるであろう」と書いた。私は今でも「証明は厳密には不可能だ」と考えている。いずれかの決定はその人の選択の問題であった。そして、復活も終末も人間の空想だというのが私の判断である。

自然科学は自然現象を説明するためにある仮説を立て、その仮説が真であれば、自然現象はこうなるはずだという推測をする。その推測と実験、測定、観察などの結果が一致すればその仮説は正しいとされる。そのようにして長い間の試行錯誤の結果蓄積された理論と技術の上に立って、今日の自然科学があるのだと思う。人工衛星、火星探査機、遺伝子操作、クローン羊、コンピュータ、原子核物理の技術など、いずれも様々な広範囲の技術の集積の成果であって、自然科学の理論の正しさを証明しているように見える。しかし宇宙の開始についてのビッグ・バンの説や生物進化についての仮説、素粒子理論などまだ確定されていない分野も無数にあり、自然科学的真理と言われるものも、どこまでが真理でどこからは未知なのか極めて曖昧だと言わねばならない。

哲学者大森荘蔵氏は『時は流れず』（青土社）の中で、「これらのいわゆる自然法則が宇宙の全歴史という巨大な時間的経過の微細な短期の断片を通じて成り立つ歴史的法則であることを承認できない科学者はもう一人もいないだろう」と言っている。ここで「歴史的法則」とは将来変更される可能性があるという意味であろう。大森氏は分析哲学の流れの人で私と同年輩で最近亡くなった。私はこの説に賛成したい。たまたま『朝日新聞』一九九八年一二月二八日の夕刊に「科学論の戦争」という論壇時評があった。「科学とは何であるかについて考察する科学論は、とくにアメリカでいま曲がり角にある。戦前戦後をはさんで隆盛を極めた、科学の客観性を微塵も疑わない科学哲学に対して、その脱神話化をえんえんと試みてきたのが、いわば現在の科学論である」。私にはこういう科学哲学について行く力はないが、これを見ると大森説は広く認められた見解であるらしい。そもそも自然科学の仮説という考え方からは不動の真理という主張は論理的に出て来ないのである。

ではキリスト教の言う真理とは何か。「それは父の独り子としての栄光であって、恵みと真理とに満ちていた」（ヨハネ一14）。「恵みと真理とはイエス・キリストを通して現れたからである」（ヨハネ一17）。ここでの真理とは何を意味するのか。私には「真理」は日本語の「まこと」「誠」のように見える。君主に対する忠誠、友情のまこと、恋人の真実のように見える。その情熱がイエスにまつわる超自然的神話を事実だと信じさせるのだ。この真理のギリシャ語がどういう意味か私は知らないが、「道徳的秩序も自然的秩序も同じ神の意志に支配されている」とする人格神信仰の下では、私の解釈は誤っているであろう。しかし自然的秩序が自然科学として全くキリスト教の手を離れてしまった現代においては、信仰厚い人々に使徒信条を信じさせるのは教育か激情しかありえない。

このようにキリスト教の真理と自然科学の真理は全く重なり合うことがないのに同じ言葉で表現されている。しかし時に同じ現象をどちらの世界観で解釈するのが正しいかという二者択一の問題がおこることがある。奇跡がそうである。テサロニケの信徒への手紙一の四章一六、一七節にイエスが天から降って来、信徒が昇って中空で出合うという再臨の描写がある。こういう場合は普通のクリスチャンは私の自然科学的解釈に賛成するだろうが、イエスの復活となるとそうは行かない。使徒信条が今でも唱えられるわけである。

自然科学、自然科学的世界観は無神論、唯物論か

自然科学は物の世界の法則を研究し、それに基づいて望ましい物の世界を造ろうとするものである。物の世界と直接関わりのない心の世界、霊の世界、キリスト教的人格神の存在には全く関心をもたない。それがあるともないとも言わない。しかし世界観というのは文化も含む世界全体をどう捉えるかということだから、物の世界を超えて意見を述べることになる。従って自然科学自体は無神論とは言えない。唯物論は世界観の一つであり、自然科学は世界観ではないから唯物論でもない。以下では自然科学的世界観が必然的に無神論や唯物論であるかどうかを検討しよう。

私が眠っている間は私の心はなかったはずであるが、私の机は昨日と全く同じ物としてある。そういう経験から、心などは陽炎のようなもので出てはまた消えてしまう、物だけが本当にあるのだ

という思想があってもおかしくはない。それを唯物論と呼び、唯物論は当然のことであるが無神論である。

『岩波哲学小辞典』（栗田賢三、古在由重編）によると唯物論とは、「精神にたいする物質の根源性を主張する立場であり、……唯物論は、物質とは無縁な霊魂、意識、精神をみとめず、実証科学の成果にもとづいて、意識（思考）を高度に組織された物質（すなわち脳髄）の所産とする。したがって唯物論は、われわれの意識から独立な客観的実在（物質）をみとめるとともに、われわれの認識を精神の自由な創造としてではなく頭脳による客観的実在の反映として理解する」。

心と物という古来からの難問に立ち入る力は私にはないが、私の考えは以下の通りである。

一、「ある」ということを分かろうとするとひどく難しいのだが、私の心はある。物もある。想念は転変するが、心と名づけられる世界はある。物の世界も転変するが、物と名づけられる世界はある。心と物は本質的に違う。物には大きさ、デカルトの言う延長があるが心にはない。

二、友人が死んだ後も世界は前のままにある。私が死んだ後も私の子供や孫は生きていて、私が生前見ていたのと同じ世界に、かつての私と同じように生き続けることを私は疑わない。そのとき私はないのであるから、物の世界の方が永続性がある。しかしそれも時間の問題であり、生物は人間の身体と同じ程度に変化し、無機物も長時間たてば変化する。原子核物理では質量はエネルギーに変化する。事実そのようにして原爆のエネルギーが放出された。だから物は永遠に不変の実体ではない。

三、人間にとって論理的に同一性を保つものは言葉だけではないかと思う。ただし言葉の意味内容は特定の文化に依存し、歴史とともに変化する。

四、前述の唯物論の定義で「物質とは無縁な霊魂、意識、精神をみとめず」とあるのは、物とは別に実体としての精神を認めないという意味であろう。故に霊魂もキリスト教の神も認めない。これは私が先に自然科学的世界観として説明したのと同じである。

五、「意識(思考)を高度に組織された物質(すなわち脳髄)の所産とする」というところだが、物質と心とを本質的に異なるものだと認めるならば、「物質の所産」という表現は、物質に意識をつくる能力を認めるということ、換言すれば、物質の意味内容を拡張して、意識をも含むような何かとみなすことになる。これでは何か新しいことを述べたことにはなるまい。

以上をまとめると、自然科学は物の世界のメカニズムの研究に限定される。自然科学は霊の世界には無関心であってそれが存在するかどうかを問わない。ということは、ないとも主張しないということになる。次に自然科学的世界観であるが、世界観ということは、物の世界をこえて、心を含む人間世界の解釈に、自然科学の考え方を応用することを意味する。そのとき、それは霊の実在、神の存在を認めない無神論となる。人類の進化の中で人間社会に言葉が発生し、心が生じたので、それ以前に神や霊が実在していてそこに表れたとは信じない。しかし自然科学的世界観は必ず先の唯物論のように考えるものだとは言えない。物と心とが単にそれぞれあるのだと考えたとしてもそれで理論上差し支えない。

自然科学、自然科学的世界観ではキリスト教はどうなるか

自然科学の主張は長い間の研究の積み重ねの結果であり、その法則で自然の運行、物の運動を予測することができるし、またその法則に基づいて、今まで自然の中になかった機械を製造し確実に作動させることができる。従って私は自然科学は充分に確実な根拠を持つものと考える。しかし自然科学そのものは物の世界を研究する学問であるから、厳密には物の世界に限定されるはずである。これに対して意味や価値に関する人間文化の世界は自然科学の研究範囲を超えるものである。故に神や霊の世界についてはその存在の有無を検証できないので関与しないのが正しいと考える。それらは文化の分野で何らかの働きを有するかもしれないのであるから。ただし人格神が奇跡を行うなど物の世界に関わり、その結果が明らかに検証できるものである場合などは、そういう神の力を否定する。以下では自然科学の立場からキリスト教の教理に対して意見を述べる。

一、奇跡はおこらない。

自然は自然法則に従って動いているだけで、それ以外の動かす力はないのだから奇跡はおこるはずはない。

「神は世界を創造しただけではなく、創造した世界を保持し、それと共働し、それを統治する」と神学の書物に記されていた。創造の後の神の働きが神の摂理である。しかしこういう書物にも、神がどういうプロセスで自然や人間世界に干与するかについては書いてない。そういう疑問が提示されたことを読んだこともない。とにかく神がそう意志し、そういう現実が起こると言うだけであ

る。人間が外界に働きかけるときは手を動かす。それで物を動かしたりスイッチを押したりする。また声に出して他人に依頼や指示をする。神が操作するときは「如何にして」というプロセスがいつでも抜かされる。それが信仰的思考の特徴の一つである。自然科学は常に「如何にして」を考える。それが分かれば再現が可能になる。信仰の思考ではすべては見えない神の意志によるのであるから、人間が再現を願っても聞いてくれるとは限らない。神は旧約のユダヤ人がカナンに侵入するときにはあらゆる便宜をはかったが、ローマに圧し潰されるときには何もしなかった。こういうことの理由の一つは、すべて信仰的思考は事がすんでからの解釈だということにある。もちろん過去の伝承に基づいて将来に期待するのだが、「如何にして」が抜けているのでただ期待するだけ、事が終わってから解釈し直すということになる。それを裏返せば、「如何にして」が成立しえない事柄にだけ信仰が成立するというわけである。人間には個人の不可抗的な運命がある。予測不可能な未来がある。人はそのとき神に依り頼むのである。

二、イエスの復活は信じられない。

正統派にとってイエスの復活を信ずることは絶対に譲れない信条だとされている。最初に阪神大震災についての文章を引用した牧師にしても、震災は別として復活はやはりそのまま信じているに違いない。ドイツの有名な神学者モルトマンは、『希望の神学』(高尾利数訳、新教出版社)で復活について「彼らは単に、彼らが信じているということ、および彼らが何を信じているかを宣べ伝えるのではなく、そこにおいて、またそれと共に、彼らが認識したところのことを宣べ伝えるのである」と述べて、それが事実であることを繰り返し主張している。しかし自然科学はそういうことを法則の例外として認めはしない。

ここで確認しておきたいのは、教会は誤解の余地なく、死んだイエスが甦ったと主張していることである。当時の弟子たちがイエスの死を何らかの方法で疑問の余地のないように確認したとは聖書には書かれていないから、蘇生の可能性がなかったとは言えない。その証拠に、『イエスのミステリー』（バーバラ・スィーリング著、高尾利数訳、NHK出版）という一時評判になった書物の中で著者は、イエスは仮死状態から蘇生したのだと述べている。二〇〇〇年前の事実がどうだったのか、いくら議論しても決着はつかないだろう。しかし教会の解釈は〝死んだ〟イエスが甦ったということにある。それが復活であって、蘇生とは原理的に異なる。この考え方は前項の奇跡と同じで自然科学はそれを認めない。

同じくモルトマンの主張を引用する。「キリストの復活は世界とその歴史の中の一つの可能性というようなことではなく、世界、実存、歴史一般の新しい可能性なのである。世界が神の自由による偶然的被造物として《無から》理解されうるときにのみ、キリストの復活は《新しい創造》として理解可能となる。……キリストの復活が意味するのは、世界史における一つの可能性ではなく、世界史に伴う終末論的過程なのである」。自然科学は「神の自由による無からの創造」とか「終末論的過程」などというものを何のことか全く理解できないし、それを認めることはありえないのである。
三、奇跡を願う祈りは無効である。
キリスト教の祈りにはいろいろな意味合いがあるから、祈りの全体を否定することにはならないが、祈りの中心は神に何かを願うことであり、神はそれを聞いて、自然の運行に奇跡的に介入することを期待されているわけであるから、そういう祈りを自然科学は認めない。

先に、山を動かす祈りについてのイエスの教えを引用した。山が海に飛び込むというのだが、山とは地面の盛り上がったどこから上を指すのだろうか。北斎の描く富士山はひどく尖っているが、実際の山はなだらかな傾斜である。それのどこからが山なのか。その山が動くとしたら麓に住んでいる人はどうなるのか。この言葉はイエスの話したことなのか、福音書記者の創作なのか、それとも民間の伝承なのかわからないが、宗教家というものはひどく粗雑なイメージを駆使して人々を動かそうとするものらしい。しかし言葉は不思議な力をもっていて、コリントの信徒への手紙一の一三章でパウロが「たとえ、山を動かすほどの完全な信仰を持っていようとも」と書いているところをみると、この言葉は信徒の間によく知られていたらしい。人はこれを読んで少しはその気になってみるのだが、実際にそういうことは起こりようがない。イエスだって、本当にその力があるならば十字架なんぞに懸けられることはなかったはずである。ゲッセマネで「ひどく恐れてもだえ」（マルコ一四33）祈る必要はなかったのである。

教会では今でも毎日曜日の礼拝でいろいろな祈りがなされ、それは神によって聞き届けられると信じられている。仲間に病人がいればその人が早く回復するように祈る。それにより奇跡的に癒ると信じているとも思えないが、と言って祈ることを止めるわけでもない。おそらく祈りの心理はそれが聴かれるかどうかとは別の所にあるのだ。

神が自然の運行に介入する場合、すべてが奇跡的なやり方になるとは限るまい。ただしそれを誰も見たわけでもないし、何らかの事実から推測して、あるとき神が介入したと断定できるわけのものでもないけれど。たとえば二つの国が戦争をしていて、神が嵐を起こし、また一方の国の将軍に巧妙な作戦を思いつかせ、その結果その将軍の国が勝つということがあるとしよう。その将軍が神を信じて祈った結果そうなったと人々が信じることがあるかもしれない。この場合、自然法則に反することは何一つ起こっていない。自然科学がそれを否定する理由は全くない。しかし、神が介入したかどうか人々には確認しようがないし、本人もそれを他人に証明する手段がない。

四、終末は来ない。

「地球上には過去百数十万年の間に六回の氷期があった。一回の氷期は十数万年で、その後に二万―三万年の間氷期が続く。現在は十七万年間続いた最後の氷期から一万八千年が過ぎた。雪氷学者の多くは、次の氷期の来るのを疑わない」。これは新聞でみた専門の学者の説である。今、地球温暖化が叫ばれているが、これをみると地表の温度を支配するのは炭酸ガスだけではない。将来地球がどんな姿になるのか知らないが、氷期が訪れれば人類のほとんどは死滅するのだろうか。それもわからない。いずれにしても、たとえ人類が死滅したとしてもそれは終末ではない。キリスト教の思想では、終末はイエス・キリストの再臨とともに始まり、最後の審判があることになっている。それがなければ破局が起こっても終末ではない。

核の冬ということがひと頃叫ばれた。最近インドとパキスタンが核を持つようになった。イスラエルは核を持っているが、アメリカではユダヤ人勢力が強く、イスラエルをかばっているので表面化しないだけらしい。今北朝鮮が地下核設備を造りつつあるらしいとのことでアメリカともめている。北朝鮮が日本まで届くミサイルを持っていることは既定の事実である。その先端に核弾頭をつけるようになったら何が起こるか。それもそう先のことではないらしい。素人目には原子力発電所を持つ国が核兵器を造ることは簡単のように見えるがよくわからない。多数の国が核兵器を保有すれば、いつどんな手違いで核戦争が始まるか分からない。核戦争が始まっても、どこか中国の山の奥、シベリア、アフリカ、南米の人々は生きのびるかもしれない。こういう破局も終末ではない。人間という動物が失敗しただけのことである。

終末となるとイエスの再臨がなければならないわけだが、それはどんな風に実現されるのだろうか。再臨を主張する神学者は現代では数多いように見える。先に引用したモルトマンの『希望の神学』もそうである。再臨が起こるとして、イエスはどういう姿で地上に出現するのかという疑問に答えた文章を読んだ記憶はない。

再臨のイエスは新約のイエスのように、とにかく女性から生まれてきて、一地方の人として、新しい教団をつくるのだろうか。それとも政治家になって世界国家のリーダーになるのか。イエスは一〇〇年間生きるとして、一生の間に神の国をつくり上げることに成功するだろうか。イエスが死んでしまったら人間社会は再び元通りにならないのか。イエスは女性から生まれるのではなくて、成人の姿で突然降って来るとして、見たことはないがその地方の言葉を話す男を人々が神と認めることがありうるだろうか。二〇〇〇年前のユダヤと同じような終末待望熱が世界中にゆき渡る時代がもう一度来るというのだろうか。さてその当時の世界人口が一〇〇億だとして、すべての人を裁き終わるのに何年かかるだろうか。一日に三〇人を裁くとして年間約一万人。一〇〇億人を裁くのに、一〇〇万年かかるだろう。

考えてみると、イエスは神の国を宣教したが、それを実践する団体を組織するまでに至らなかった。福音書の記述では十二弟子もイエスの教えを完全に理解しているとは言えないように描かれている。新約には神の国の実績はみられない。パウロの建てた教会はあるが、パウロの手紙から読みとれることは、とうてい神の国とは言えないものである。そういう風だと本当に終末が来たとき裁かれるのだとパウロは脅かしている。だから、イエスが再臨して打ち建てる神の国がどんなものか、どういうプロセスで出来上るものか全くわかっていない。

私は、神学者は以上のようなことをもっと本気で考えてみるとよいと思うのだが、彼らはとにかく聖書に書いてあるのだから、万事めでたしめでたしとなるはずだと言うばかりである。それはお伽噺ではないのか。彼らは夢を見ているのではないか。どうしてクリスチャンはそういう荒唐無稽なことを信じるのか。彼らは教会がつくり上げた、昔からのキリスト教文化の言葉を繰り返しているだけではないのか。

終わりに、自然科学的世界観は人格神の自然支配、聖書にあるような天地創造を認めない。心の世界はもちろん認めるが、死後の霊魂の世界を認めない。人間は進化の途上で地上に出現した生物の一種であると考える。基本的な教理を認めないのだから自然科学的世界観はキリスト教のすべてを否定することになる。

神の義の支配

この節は前節のつづきである。これまでの神の自然支配についての議論に対して、これは人間社会支配の問題である。人格神は創造によって自然を支配し、神の義によって人間社会を支配する。神の義とは旧約では律法である。自然科学は神の義とは全く無関係であるが、神がそのために奇跡をおこしたり、自然災害をおこしたりするときは自然科学との関わりが生ずる。人間は身体をもっているのだから、神が人間に何をするにしても自然科学に関係してくるわけである。

ここで断わっておきたいのは、自然は地球上、地球外の宇宙もすべて一つながりで切れ目がないので、神の自然支配というときは、黙っていても宇宙全体の支配ということになる。しかし、人間社会の支配となると話は別である。キリスト教には二〇〇〇年の歴史しかなく、それ以前の人間はキリスト教の神とは無関係である。世界には、イスラム、中国、インド、東南アジア、日本などの国々があり、そこではキリスト教の神はほとんど支配していない。キリスト教と呼ばれるものも、カトリック、プロテスタント、ギリシャ正教の世界は別々で、同じ神の義が支配しているとは言えない。神の支配というとき、それを言う信徒は無意識に自分の神が地球上全体を支配しているように思い込んで話すが、そういう現実はかつてあったことがなく、これからもあることはないだろう。だから彼の話は仮定の上の話なので、そのことを時々思い出さねばならない。

キリスト教は因果応報説だと誰かが書いていた。因果応報説は日本のように一神教信仰と無縁な社会にもある。その場合、応報する力は神ではなく、社会にビルト・インされた法則のようなものであろう。神の義の支配から神の支配を抜くと日本の因果応報説になるわけである。しかし神の支配という観念が因果応報をより強力にするらしい。前に紹介した、阪神大震災に遭うのはその人の罪のせいだという、キリスト教熱狂派の主張にそれがみられる。人にどれ程の罪があり、神はどういう罪にどれ程の罰を科すのか誰も知らないのだから、この主張に反論しようとしてもなかなか簡単にはゆかない。普通の日本人は馬鹿なことを言う人だと、黙って聞き流すということになる。日本人社会でもあまりの不幸にあうのは前世で悪いことをしたからだと言われるが、今では冗談半分でしか言われない。

神は善因善果、悪因悪果を実現するために自然の運行に介入すると聖書には記されている。私は前に「自然法則以外に自然を動かす力はない」という自然科学の考え方を述べた。この考え方に立つと奇跡は否定されるが、法則に沿った介入はあってもいいことになる。自然法則自体を神が造ったとすれば、神は何も好んでそれを曲げることはないわけである。そういう手段があるとすれば、世界にはもっと神の義が実現されて然るべきだと人は思うだろうが、現実はそれを裏切っている。神の義が有効でないことは遙か昔から常識ある人には分かっていたことで、それは自然科学とは直接の関係はない。自然科学が支配的な時代になり、神の裁きの恐怖が去り、誰もがそのことに気付くようになったということである。先の阪神大震災で熱狂派を批判した牧師も人々の常識に従っているのである。

自然科学は神の義や罪とは無関係であるが、自然科学的世界観は人格神の支配を信じない。自然の運行についてはもちろんであるが人間世界についてもまた同様だと考える。天災と呼ばれる自然災害、天候不順、細菌ウイルスによる病気など。戦争、原爆、生物兵器などによる死傷は人災であろうが、それで苦しむ個人にとっては天災と変わりない。人間にはそれ以外さまざまな社会的個人的不幸不運がある。身体障害、病気、貧乏、社会的差別、人生のコース上でのさまざまな失敗。キリスト教は建て前上はこれらすべてが神の管理の下にあると教え、苦難の原因を個人の罪に帰する。

神の義の支配の典型的表現はパウロの「罪の報酬は死です」という言明に見られる。死は究極の苦難であるが、それは罪に対する神の処罰である。人は極端な表現だと思うかもしれないが、これは、イエスの復活により人間は死に打ち勝ったのだというキリスト教の根本的教理の裏返しである。しかしクリスチャンも死ぬのだし、細菌、ウイルスを造り、地震をおこすのは神以外にはないのである。

以上の如く、すべての人間の苦難は罪に対する神の処罰だとするキリスト教の説は常識的にも成りたたないことは、クリスチャンといえども認めざるをえまい。これに対する教会の理論的対応について考えてみた。

第一は、神が自然の運行を支配することを否定する考え方である。神は人間に道徳的規範を設定しておきながら、善人が不幸になるのを防ぐことができない。神は因果応報をあきらめたのである。これを「神の無力」と表現する人がいる。

ここで問題なのは、自然とその一部である身体を除外した、純粋な精神生活というものがありうるだろうかという疑問である。たとえば身体なしの他者を想定することは不可能であり、他者なしの人間の精神生活はありえまい。私はまだ充分に考え切っていないのだが、自然界支配の神の無力は、ひいてはすべての人間社会の管理の放棄につながりかねないのである。

第二は、あくまで神の支配を認める立場である。神は奇跡を起こす力があるが、それでも応報の処置がとられない現実があるのは神にその気がないからである。「神の心は深く図り難い」のであり、神は自ら設定した義の履行に縛られるものではない。ヨブ記四二章一節から六節のヨブの言葉はこの立場を示している。私は『体制宗教としてのキリスト教』（社会評論社）の「主なる神」の章で、『隠されたる神——苦難の意味』（キリスト新聞社）という山形謙二氏の著書を引用して、著者の「因果応報では説明できない別の秩序がある」という解釈を紹介した。

これに対して、そのように神が気まぐれだとすると神信仰の意味がないではないかと問われたらどうするか。神は義を最終的に実行する気はあるのだが、実施の時期を先に延ばしただけだとする人々がいる。私はユダヤ教には不案内だが、恐らくユダヤ人は今でも神は最後には約束を実行すると信じているのだ。しかしそれでは先に死んだ人々はどうなるのかと問われるだろう。ユダヤ人は自分を個人ではなく集合的にユダヤ民族の一部と理解してそれと一体化しているのではないか。ユダヤ民族は終末まで続くのである。

第三は来世信仰の立場である。この世は悪魔の支配する世界で、義人は常に迫害される運命にあるが、来世での報いを約束されている。来世で因果応報が完成され、神の義が貫徹される。最後の審判がそれである。「信仰にしっかり踏みとどまって、悪魔に抵抗しなさい。あなたがたと信仰を同じくする兄弟たちも、この世で同じ苦しみに遭っているのです」（ペトロⅠ五9）。新約には同様の言葉が無数にある。なぜ神がそういうことをなさるのか。旧約の預言者はそれをユダヤ人の罪に対する罰と解釈した。バビロン捕囚以降六〇〇年の他民族への隷属からの脱出の道として遂に彼らは来世を夢想するようになる。キリスト教徒の信仰はその流れの中にあるが、彼らの苦難はユダヤ教の異端的分派として迫害にさらされたことにある。しかし彼らはローマの国教を勝ち取り、却って他を迫害する側に廻る。彼らの苦難は終わったはずだが、それで民衆にとって世界が変わるわけはない。来世説は相変わらず有効である。

終わりに自然科学と神学についてのバルトの見解を紹介しておく。私はバルトをよく読んでいるわけではないので、これは言わば孫引きであるが。

バルトが自然科学について論じているのは『教会教義学』第三巻「創造論」においてであり、その他の箇所においてはこのテーマはまったく取り上げられないと言う。彼は言う。「自然科学は、神学が創造者の業として論述すべき事柄の彼岸に自由な場所をもつ。そして神学は、自然科学がただ自然科学であり、ひそかに異教的グノーシスや宗教理論にならず自分に与えられた限界を守るときに、自由に活動しうるし、またしなければならない」。彼の見解は「神学と自然科学の分離」「その対象領域の原則的区別」であると言う。私が問題にした奇跡など、人格神信仰と自然科学の矛盾を取り上げるのをバルトは避けている。自然の問題はキリスト教にとって最大の難問だと私は考えるのだが、バルトは逃げていると思う。それとも彼は科学音痴なのか。

自由主義神学

『旧約と新約の矛盾』の中で私はアルバート・シュヴァイツァーの『キリスト教と世界宗教』（岩波文庫）から引用して、シュヴァイツァーは自由主義神学の人だと書いた。自由主義神学はプロテスタント自由主義、自由神学、文化的プロテスタンティズムなどと呼ばれることもある。言葉によって多少の違いはあるが、おおよそは同じ意味で、考え方の基本は超自然を認めないことにあると言ってよいだろう。この流れの最大の思想家はシュライエルマッハーであるが、A・リッチュルやハルナックの名があげられる。ティリッヒもこの流れに属する。いずれもドイツ人である。

ハルナックの有名な著書『基督教の本質』（山谷省吾訳、岩波文庫）から引用する（仮名遣いは元のまま）。ハルナックは福音書のイエスの行う奇跡をどう解釈するかについて述べて言う。「時間と空間との中に起る事件は運動の一般法則に従ふこと、故に此意味での、即ち因果律の破壊としての奇蹟はないことを、我々は堅く信ずる」。「福音は一定の自然の認識を前提としてゐないし、それと結び付いても居ない――消極的の意味に於てさへも此事は主張されない。福音が関係してゐるのは、宗教と道徳とである」。

では復活をどう考えているのか。「多くの人にとっては、今日、この二つの事柄（イエスの十字架と復活）は甚だ縁遠くなった、而して彼等は、イエスの死に対して冷淡な態度をとってゐる、この種の単一な出来事に、か丶る意義を附与し得ないからである。又復活に対しても同様である、ある信じ難いことがこ丶に主張されてゐるからである」。彼は神人思想（受肉説、三位一体説）についても述べている。「その思想は、死ぬること自身が最大の害悪であり、凡ての害悪の根源であるが、最高の善は永遠に生きることであると云ふ希臘的のものである。……誰が説教によって石に生命を与へ、死ぬる者を死なない者にすることが出来るか。神的なものが自ら身体をとって、死ぬる者の中に来る時にのみ、後者は変化を受け得るのである。然し神的なもの、即ち永遠の生命、然も移転し得る永生――之は神雄ではなく神自身のみが持ってゐる。故に、ロゴスは神自身でなければならないし、且つ彼は真に人間と成らねばならない。もし此両条件が満たされるならば、其時こそは、具体的な自然的な救済、換言すれば人間の神化は、実際行はれたのである。此処から、数世紀間続いたロゴス・キリストの性質に関する大論争は説明される」。

それではハルナックの信じるキリスト教とは何か。それは福音書に記されているイエスの教えである。「基督教は、福音として唯一つの目標を持ってゐるのみである。即ち、人々が活ける神を見出し、且つ各人が彼を自己の神として見出し、彼に於て力と喜びと平和とを獲得することである」。「福音は理論的の教へでもなく、哲学でもない、福音が教へであると云ふのは、只それが父なる神の実在を教へる限りに於てである。それは我々に永遠の生命を確かにし、且つ我々の関係してゐる事物と力とは如何なる価値を有するかを教へる喜ばしき音信である。福音は永遠の生命について語りつゝ、正しい生活について教示する。如何なる価値を人間の霊魂と謙遜と憐憫と清純と十字架とが持ってゐるかを、福音は語り、また世の財と地上の生活の為めの心配が如何に無価値なるかを語る」。

この本がドイツで出版されたのは一九〇〇年であるから一〇〇年前のことである。「ハルナックは当時ベルリン大学神学部の教授として基督教教理史並びに教会史を担当し、その声名は既に国の内外に響き渡ってゐた」と訳者は記している。今の教会で読まれている書物や雑誌の論調と比べて人々は、これがキリスト教だろうかと唖然とするだろう。あと一〇〇年もたつと何が起こるか誰にもわからない。これでもかつてのドイツでは支配的なキリスト教であったのだ。キリスト教もいろいろあっていいわけだ。

ティリッヒの説

現代日本のプロテスタント神学者のほとんどがバルト説を信奉しているらしい。バルトの神学は新正統主義と呼ばれることもあり、正統派の超自然的教理を何らかの形で支持するもののようである。バルトと並ぶ二〇世紀の代表的神学者と言われる人にパウル・ティリッヒがいる。この人は自由主義神学に属する人で、現代の世俗文化と旧来の正統的キリスト教神学の境界に立って、その調整に苦心した人である。この人がどう考えたかは今のわれわれのテーマにとって大変参考になるはずである。正統派の神学者がいくら神の愛を絶叫してみても、今の普通の日本人に使徒信条を呑みこませることが絶望的であることは分かり切っている。ティリッヒが現代の大神学者であるゆえんである。『ティリッヒ著作集』(一巻—十巻、別巻一、二、三、白水社)の中から関係ある言葉を引用する。引用が長くて恐縮であるが。

「私どもの定め、そしてこの世界にあるすべてのものの定め、それは必ずその存在が終わるときがくるということであります。自然や人類において私どもが経験する、この終わりにいたるという事実が、いずれも声高く語りかけてくるのは、あなたもやがて死ぬのだ、ということでありますⅠ（別巻一）。「運命と死の不安は、最も基本的なものであり、最も普遍的なものであり、最も不可避的なものである。これを排除しようとするあらゆる議論は、不毛な企てである。たといいわゆる『霊魂不滅』の証明が有効なものであったとしても——実は有効ではないのだが——、それによって何ら実存的確信があたえられるわけではないと思う。というのは、人間は誰でも、生物学的な死が人間の自己の完全な喪失であることを知っているからである」（第九巻）。「霊魂不滅の説は西欧世界においてはキリスト教的復活のシンボルに代わって一般化するようになったのだが、その通俗的な形の霊魂不滅の説は、勇気と逃避の一種の混合物である。それは、死に直面してもなお、その自己肯定を維持しようとする。しかしそのやり方は、人間の有限性つまり人間の可能性をば無限に引き延ばして、死が実際におこることがないようにするというものである。しかしこれは幻想であり、論理的にいっても自己矛盾である。それは、必然的に終わりにいたると定義されているものをば、終わりがないように考えているだけである」（第九巻）。

ティリッヒは超自然主義を批判する。「それは、超自然的なものと自然的なものという二元論である。現実は、超自然的神的なものの層と、自然的人間的なものの層に分割される。天国と地獄という神話的象徴は、文字どおりに存在の二つの層として理解される。神的本性と人間的本性とは相互対立せしめられて、神的行為は自然に対して妨害的に干渉する。このような見方から、歪められた奇蹟概念が出てくる。つまりそれは神がそのわざをこの世に示すために、事物の自然的構造をば、たといその自然的構造が神自身によって創造されたものであり、聖書的歴史が語るように神によってよしとされているにもかかわらず、止揚せねばならないということになるのである」（第三巻）。

ティリッヒは人間の生は地上だけのものであることを認める点では私の言う自然科学的世界観と同じである。ではその先は何もないのであろうか。「救いとは何かといえば、地獄から逃れ、天国に受け入れられることだと考えてしまう一般的通念と、この本当の救いとがちがうことは確かです。天国は、『死後の生命』と呼ばれることがありますが、それも間違いです。新約聖書は永遠の生命について語ります。しかし、その永遠の生命は、死後も生命が続くというようなことではありません。永遠の生命は、過去も、現在も、将来も超えるのです。私どもはその永遠の生命から来たり、永遠の生命の現在に生き、永遠の生命へと帰りゆくのです。永遠の生命がここからなくなることはありません――それは、私どもがそこに根差し、自由にそれにあずかることをゆるされている神の生命です――なぜかといえば、神お一人だけが、この永遠というものを保持なさっているからです。テモテへの手紙が、神が『ただ一人不死を保ち』〔第一テモテ六の16〕といっておりますように、人間というものは、不死の魂を自分の所有として誇るようなことをしてはならないのです。私どもはあらゆる被造物と同じように死ぬのです。その全存在が――肉体も魂も――死ぬのです。しかも私どもは、この地上に生きる以前にも、時間のなかで生きているあいだも、この人生の時間が終わってしまったのちにも、永遠の生命のなかに保たれているのです」（別巻一）。「しかし世というものは、まさしくその本質において、終局にいたるものなのであります。私どもが、愚かな、自分の願望を満たした思索をもてあそぶことなく、真理を語ろうとするならば、無時間でもなく、終わりなき時間でもない永遠について語るべきでありましょう。将来のもつ神秘に対する答えは、永遠のなかにあります。この永遠について、私どもは、時間から得られるイメージによって語ることになりましょう。しかし、このイメージはイメージにすぎないことを忘れるならば、私どもは不条理と自己欺瞞におちいることになりましょう。時間のあとに時間はありません。時間を超える永遠があるだけなのです」(別巻一)。

さてそれでは「永遠」とは何であろうか。永遠はわれわれの存在の根拠であり、われわれがそこから来たりそこに戻りゆくものだと言われている。「神的なものは、その本質において永遠的であり」(第三巻)、「永遠の生命とは時間および永遠における、神の現臨のもとでの生であるが、それは無限に延長された時間ではない。それは、時間的なものがすべて出てくるところの、永遠へと帰ることであり、すべてのものが帰りゆく永遠にむかって進むことである。キリスト教の希望は、永遠の生命、神の生命とかかわるという希望である」(第六巻)。「私どものために、時間の流れをせき止めてくれるのは、永遠なのであります。それは、永遠の『今』であって、それが、私どもに、時間における『今』を備えてくれるのです」(別巻一)。「時間というものがもつ、いっさいを飲みつくすような力にまさる力は、ただ一つしかありません。すなわち永遠です。そしてそれは、昔いまし、今いまし、やがて来られる方、初めにして終わりである方(キリスト)のことにほかなりません」(別巻一)。「永遠なるもの、もしくは聖書の象徴である神の国は、統合と真理であり、歴史のうちに存在するすべての要素の曖昧さを克服したものである」(第六巻)。

二、三目についた所から引用してみたが、これで永遠が理解できたかというとそうはいかない。クリスチャンは、永遠は神的なものであるとか、永遠はキリストにほかならないと説明されると何か分かったような気がするだろう。しかしクリスチャンでない人には単に言葉を置きかえただけで全く説明になっていないと見えるだろう。ティリッヒの永遠は、そこから人間が出て来てそこに帰るものだとされているが、そういう表現は日本人の言う「宇宙の大生命」とそっくりである。こう言われると日本人は分かったような気がするだろう。さて分かるとはどういうことなのか。もし永遠がわからないとすると、ティリッヒは単に、人間はどこからか出て来て、また消え去るのだと言っていることになるが、それでいいのだろうか。

ティリッヒは次のようにも言う。「神は、象徴的にいえば、存在と意味における無制約的なものの次元であって、存在するすべてのもののなかに現存し、しかも存在するすべてのものから隔たっている。このような主張はいうまでもなく、汎神論的——汎神論という問題ある言葉が何を意味しようと——に考えるという恐れをひきおこすことはさけがたい」(第三巻)。こういう彼の考え方が「神を越える神」や「絶対的信仰」(第九巻)に導くわけだが、これは今のテーマではない。

以上を読むとティリッヒの説は私の主張と同じように見えるが、必ずしもそうではない。次章の来世論でも引用したので御覧になられたい。

象徴、隠喩

キリスト教の超自然的教理を象徴、隠喩(メタファー)などの概念を使って合理的に説明できるという考え方があるらしい。あるらしいと言うのは、たとえば使徒信条を本格的に説明しているのを読んだことがないからであるが、私自身そういう言葉の解説の書物を二、三読みかじってはみたが、まだよく理解できていないせいでもある。それに象徴、隠喩という言葉そのものの理解が、学者の間でも、諸説入り乱れて定説がないように見える。そこで今の私の理解を少し述べてみたい。

キリスト教の中核にある教理、三位一体説、イエスが神であるとする受肉説（神人説）、十字架の贖罪説などを、今私が論じている自然科学との関わりで考えてみると、神は見えないのであるから、イエスが神であってもなくても、自然科学からは検証しようがない。十字架の贖罪説も信徒の解釈であって同様である。自然科学はこういう議論に無関係である。しかし復活は同じように扱えそうにはない。

「からだの甦り」という言葉には、肉体で復活したのだという意味が含まれているらしい。肉体であれば目に見える。目に見えれば自然科学の守備範囲である。パウロがコリント人への第一の手紙一五章で「霊のからだ」という解釈を提示したのは、誰かに詰問されて考え出した合理化説のようにみえるし、テサロニケ人への第一の手紙四章のように、目に見えるものと考えたいのが彼の本心ではないか。教会としても、復活は事実であり、霊なる存在があること、イエスは神として今も生きていることの動かぬ証拠と今まで主張して来たので、すべては信仰による思い込みでは都合が悪く、どうしても事実だと言いたいのであろう。それには目に見える証拠が欲しい。

『旧約と新約の矛盾』の中で私は復活を論じた。そこで紹介した前東京神学大学学長松永希久夫氏、前東京神学大学教授加藤常昭氏はもちろん復活を事実と信じている。だが復活は肉体ではなく

〝霊のからだ〟であるというのが教会の公式の見解であるらしく、この二氏もその説をとっている。そのとき私は気がつかなかったのだが、「霊のからだ」は見えるものなのか、見えないものなのか。霊は見えないものであることは確かなのだが「霊のからだ」はどうなのか。もし見えないものだとしたら、それを見たという復活の証人たちも見たのは幻ということになろう。とすると、復活は事実だということと幻視説の両方が正しいことになるし、かえって幻視がなかったら、復活は誰にもわからなかったということになる。それでは困るので、以下のように別の解釈が必要だろう。

信徒は霊的に神から霊のからだでの復活という信仰を与えられ、それを人々に伝えるために、聖書に目に見える復活のイエスを描いてみせたのだと。もしくは、その時神が奇跡をおこして、霊のからだのイエスをその場合だけ肉のからだにして示したのだと。聖書には復活のイエスが閉じた扉の隙間から入って来たり、突然目の前に出現しまた消えたりしたことが書いてある。焼魚を食べ、十字架の傷を触らせたとも書いてある。この回答の前者は証拠なしの信仰説であり、後者は奇跡説で、それを見た人にとっては肉のからだと同じ効果になる。

目に見えない霊のからだ説は、復活を奇跡とする解釈を回避できるので、霊の存在が一般に信じられていた古代ではうまい説であったが、現代では証拠なしに信じよということになる危険をもっている。その代わり、先の宮田光雄説のように自然法則が打ち破られたと言う必要はなくなる。

それでは学者はこの問題をどう取扱っているのだろうか。『福音と世界』九四年一月号に、国際基督教大学・大学牧師森本あんり氏は、「使徒信条は、それ自体が信ぜられるべき対象ではなく」「徴し」であり「メタファー」「リアリティの喚起力」だと書いている。しかしその続きの七月号で、「復活のイエスは、われわれの見知っている時空間の中に顕現しつつも、本質的にはこれを超越した存在である」と言う。「本質的に超越している」とはどういう意味なのかわからない。「超越」していたらわれわれに捉えることができないのではないか。「ナザレのイエスは、復活においてはじめて真に神のひとり子であり約束されたメシアであることが確認される」、「もし復活がまったく地上的存在様式と触れ合うことがなければ、それは顕現にはならず、よみがえりにもならないだろう」。これでは復活は歴史的事実だと主張しているとしか受け取れない。メタファー説はどうなったのか。

『キリスト教神学概論』(新教出版社)の著者佐藤敏夫氏は前述の松永、加藤氏の同僚であった人で同じく正統派に属する。「彼(パネンベルク)によれば、新約聖書が死人の復活について語る場合には、メタファーによって語る。その際復活とは朽ちる体が朽ちない体に変わるということである。これがまずキリストにおいて『初穂』として起こり、終末には死人の復活として起こるのである。しかしこの意味の復活は、この世に生きている人間の経験しうることではない。それはわれわれの経験を越えることである。とすれば、われわれはそれをメタファーによって語るしかないのである」。著者はこの説に賛成らしい。またユンゲルの言葉「神とこの世の相違、神自体は、ただメタファー的にのみ表現しうる。言いかえれば、そもそも隠喩的に語られる時にのみ、神について語りうるのである」を引用している。著者は奇跡について論じた終わりに言う。「しかし、われわれは以上の病の癒し、悪霊追放、自然奇跡といった奇跡物語と、み子の受肉、十字架、復活といった一連の出来事を区別しなければならない。後者は救済史そのものであるとすれば、前者は救済史が地上でいよいよ実現されつつあることを告げるしるしであった。これに対して、救済史的出来事そのものはキリスト教信仰にとって決して譲れないことであり、ここに聖書の歴史概念と近代的歴史概念との明確な対決がある」。著者は受肉、十字架、復活は奇跡の一種だと考えているらしい。

　復活について佐藤氏はこうも書いている。「弟子たちは幻覚を見てイエスが復活したとおもっただけだということはいくらでも言いうるが、いずれにせよ、復活した（あるいは復活したと思った）イエスに出会って、それを契機にキリストを宣べ伝えるべく出発したことは歴史的事実である」。この文章は正統派としてはひどく遠慮して物を言っているように見えるが、先に述べたように「霊のからだ」の甦りだとしたら、これで全く差し支えないわけだ。

　以上のように神学者によれば、復活は「時空を本質的に超越した」現象で、「われわれの経験を越える」事柄であり「メタファーによって語るしかない」のである。メタファーとは何か。私はメタファーについて何かを知っているわけではないので、ここで論ずる力はないが一応私の見解を述べておきたい。

　復活が肉のからだでの甦りであったとしたら、または霊のからだの甦りであるがその時暫くは奇跡によって肉のからだの外見をとったとしたら、またそれが幻であったとしても、以上三つの場合いずれも、信徒が見たのは肉のからだの外見である。それはわれわれが街を歩いていて友人を見かけたのと全く同じ現象である。友人は何かのメタファーでもなく、友人を見たこと自体もまたメタファーではない。それは単純な知覚である。たとえそれが錯覚であったとしても。当時人々の間に復活信仰がゆきわたっていたとするならば、信徒がイエスを見たとしてもそれは起こりうることであり、復活のイエスを見たということは単なる事実の叙述である。復活は奇跡の一種であり、奇跡はメタファーではない。イエスに叱られて波が静まり、中風の人が立ち上がったとすれば、それは単なる事実であってそこにいる誰もがそれを見たはずである。復活はわれわれが知覚できるある現象を指示する言葉であって、この場合の問題は復活がどういう意味をもつかではなく、復活が事実であったかということである。復活はメタファーとしていろいろの意味をもっているかもしれないが、それより先に復活が事実であるかどうかが問題なのである。もし事実でなければ空想、単なる言葉でしかないかもしれない。古代の人は復活を事実と信じていたことは確かである。それが霊のからだの甦りだとしても霊の実在を信じていたのだから、そういうものとして事実であったのである。しかし霊や霊のからだの存在が疑われ、ほとんど消滅しかかっている現代になって問題が生じたのである。だから森本あんり氏は矛盾したことを言ってはいるが、復活はメタファーではなく、時空の中での顕現であり、地上の存在様式とふれ合うことが肝心であるというのは正しいのである。

私の見るところでは、キリスト教としては復活はどうしても事実でなければならないのである。たとえそれが「霊のからだ」での甦りだとしても。先に象徴やメタファーについて、それが何かを指示すること、対象指示が問題なのだろうと書いた。私はまだ不勉強なのだが、言葉がその向こうに何かを——キリスト教としてはそれは活けるものでなければならないのだが——指示しているという保証はたぶんないのである。天使や悪魔という言葉は何らかの意味をもつが、現代では何のリアリティも指示しない。それは中国人の龍と同じたぐいのものである。神が存在していてそれがメタファーとして現れることと、言葉があってそれが何かを指示することとは違うのである。

もしわれわれから独立したモノ、事実、またはリアリティ、要するに何か客観的なものを捉えることができなかったら、残るのはこちら側の人間の言葉だけである。

それではキリスト教の神は仏教の仏と選ぶところがないことになる。仏は経典に書かれているだけの存在、結局人間が考えたものの域を出ないのだが、信徒にとっては神的存在としての機能を充分果している。しかしキリスト教としては自らの独自性、絶対性を主張するための根拠としてイエスが神であることを証明したいし、その証拠として「からだの甦り」がなければならないのである。もう一つの理由はキリスト教の神が創造神であることであろう。もし本当に神が天地を造ったのなら、その神は死んだ人間を復活させることができるはずだし、終末を実現することもできるはずであるから。それができないようであったらその神は創造神ではなかったことになるかもしれない。

まとめ

神が人間のために恣意的に自然法則を歪めて運行に介入することは認められないという自然科学の主張を私は妥当なものだと思う。私の説は神の全能という教理に反するが、事実として自然は固有の法則に従って動いていることを認める。その法則がすっかり分かっているわけではないから、それは一つの選択であるが。神は天地を創った後その運行に一切関与していないと考える。これを言い換えれば神は自然法則に従ってのみ自然を支配しているということになる。

宇宙の歴史、地球の歴史、生物、人類の進化についても自然科学の説に従うことにする。キリスト教の立場からは継続的創造説になる。進化の全プロセスは創造の一形態であり神の支配下にあったと考える。

実は私には本当のところ、こういう創造説は、出来上った自然科学の研究結果の上に薄く透明な神というポリエチレンフィルムの覆いをかけるのに等しいように見える。と言うのは、地球の歴史や進化論は長年月の間の科学者の観察、実験、仮説による研究の積み重ねの成果であるが、キリスト教の唱える継続的創造説はそれに何もつけ加えるものではないし、研究の新たな指針を提供するものでもないからである。科学者にとってはキリスト教の継続的創造説は全く何の役にも立たず、なくてもすむものなのである。前に宗教的思考は「如何にして」が脱落していると書いたが、これもまさにその一例である。しかしそれでもなお私は、この透明な神を受け入れようと思う。そのわけは、宗教は本来人間の精神生活、意味や価値の世界に属するとしても、物の世界を除いた精神生活はありえないように思うからである。早い話が身体のない人間はいないし、身体は物の世界の一部である。身体がなくては地上の生活はないし、神も支配したり裁いたりすることもない。裁きがなければ赦しもない。イエスもいないし、十字架もないことになる。神は何らかの意味で自然を支配していなければならないのである。

以上のような路線を採択することの結果私は奇跡を否定する。従って奇跡の一種である復活を否定し、終末論を否定する。神の義を貫徹するための自然の運行への介入を否定する。奇跡をともなう祈りは聴かれない。ただし神が自然法則を歪めることなく人間のために何かをなすことができるとすればそれは別である。

私の説にはキリスト教としてどういう難点があるだろうか。

奇跡を否定することの問題点は、奇跡がおこればそれが神の行為だということがすぐに分かるのであるが、自然法則に従った場合はそれの見分けがつかない。神が人の心に直接宿ったり、話しかけたりなどいろいろに働きかける場合も、確かに神が為したということがはっきりしない。神は見えないし、神の声は聞こえないし、神の手も見えない。だから奇跡がなくなってみると、神の働きは、それがあったと主張する人の考えから離れて、客観的にそうだという証拠がなく、疑う人にとってはその人の考えと区別がつかない。しかしだからと言って、神は働いていないのだと断定する根拠もまたないのである。先に述べたように、イエスの復活も霊のからだでの甦りだとすると、すべてが霊の世界、見えない世界の話になってしまう。それでは、あなたは夢を見ているのだ、空想しているのだ、そう思いこんでいるだけなのだと言われても反論する根拠がない。キリスト教にとってこれは致命的な難点かもしれない。

『福音と世界』一九九七年九月号に芦名定道氏が「二一世紀への挑戦」という文章を書いている。「キリスト教がその自己同一性（神が創造し愛し終末へと導いている宇宙の全体性の理解とそれに基づく実践）を……」。芦名氏は京都大学文学部助教授でティリッヒ神学の研究者だが、キリスト教の定義に終末が欠かせないと考えている。キリスト教神学では、「イエスの到来がすでに終末論的な出来事であり」「終末における死人の復活の先取りとしてイエスの復活がある」わけだから、終末という言葉の中に復活も含まれている。終末論の意味は、神が人間の心だけではなく自然をも含めた世界すべての支配者であることを明確に主張しているということである。それが旧約と新約を一貫する思想であり、もしそれを欠けば、キリスト教信仰は人間が造りあげた幻想と区別がつかなくなる危険があるわけである。だからキリスト教にとって奇跡はどうでもいい要件ではないのである。キリスト教はあくまで超自然信仰なのだ。

もう一つの私の説の難点は、罪がない人間を神が自然災害にあわせることを明確に認めることである。これは義なる神の支配の否定である。

復活や終末の否定はキリスト教が真理であることの客観的根拠を失うことだと述べたが、これについては次のように言えよう。日本にはキリスト教とよく似た一種の人格神信仰の浄土真宗がある。ここでの救済者阿弥陀仏についてはある経典に書かれているのだが、始めから歴史的に実在したかどうかは問題ではないし、それでは信仰として不充分だという批判があったとも聞いていない。それはなぜか。考えてみると、キリスト教でも父なる神の存在は客観的根拠をもっていないが、信仰にとって全く問題になっていない。神はもともと見えないものであり、宗教というものはもともとそうしたものなのである。客観的根拠がなくても気にすることはないのである。

キリスト教が超自然にこだわるのは、もう一人の神イエス・キリストがいるからである。地上に生きた人間を神と信じこませるのはユダヤ人にとっては本来不可能なことであった。復活という超自然現象を通過しないとイエスはキリストになりえないのであろう。

神の自然支配が以上のようだとしても、神には自然法則に従って操作する道と、聖書に書かれているように直接人間の心に働きかける道が残されている。それはどういう方法で行われるのだろうか。神の霊と人の霊は直接接触すると言われるが、人の心に浮かぶ想念を如何にして神の声と確認するのだろうか。

そして最後に、物と関わりのない精神生活、また逆に精神と関わりのない物がありうるかという問題が残るであろう。

来世論

キリスト教はイエスの復活の上に築かれた宗教である。復活とは死んだ人がその後も生きていることであり、それを来世と呼ぶのだから、来世がないとしたらキリスト教は成り立たなくなると言えるだろう。もし来世を信じないとしたら、キリスト教について論ずることは無意味になるかもしれない。有名な聖書学者で復活を事実としては信じないと言明する人もいる。しかしこの人たちも神は信じているのだから、一概にそう言い切ってしまうこともできないが。

来世は霊の世界の一部であるから、来世の存在を疑うことは霊の世界そのものを疑うことに通ずる。クリスチャンでも天使や悪魔を信ずる人は今では珍しいだろう。現代人の心の中では霊の世界は縮小されてきている。それだけ神の世界が小さくなっているのが現実である。来世をどう考えるべきか。知識人の一人として、また教会に籍を置く者としてこの問題を一度は正面からとり上げるべきだと私は前から感じていた。前章の「人格神と自然科学」につづいて、来世についてともかく書いておくことにした。

私は六年前に『旧約と新約の矛盾』（ヨルダン社）を出版した。これは私の最初のキリスト教研究である。その「はじめに」で「私は地獄はないだろうと思っている。死後のことは分からないが、少なくとも私は地獄を恐れてはいない」と書いた。また「あとがき」で、「キリスト教は来世に重点をおこうとする。新約聖書はそう教えている。しかし私は肉体の死で一線を引くべきだと考える。来世については確実なことは何もいえないのであるから」と書いた。言いかえると、「私自身は来世はないだろうと思っているが、来世を信じている人にそれは誤りだと主張するつもりはない。信ずることがその人にふさわしいとしたら、それでよい。われわれの知識には限界があるし、厳密に言えば、数学の問題ではないから来世があるかないかを決定的に論証することもできない。それよりも、人が何故来世を信ずるのか、人の生にとってどういう意味があるのかを理解する方が大切だ」ということになる。

二年前に二冊目として出版した『体制宗教としてのキリスト教』（社会評論社）の「あとがき」で、「来世には消極的来世と積極的来世があると考えてみた」と書いた。「消極的来世信仰とは、人には死の恐怖があるので死後について慰めを欲しがっているという意味である。来世があるからといって、現世を諦めるつもりはない。生きているうちは永遠に生きるような顔をして生きていたい。しかしいずれ死ぬことは確かなことだから、その時のために来世があった方がいい。……積極的来世信仰の典型はキリスト教の復活信仰である」。

どんな唯物論者、無神論者でも自分の身近な人が死んだとき、その身体がたちまち物体に変わったと、考えられるかもしれないが感じることはできまい。知人の死後の冥福を祈るという挨拶をするときの気持に嘘はない。こういうとき、死んだ人は生きている人の心の中で生きつづけると言う。それは遠くに行った人に似ている。われわれがその人のことを思い出している間はどこかに生きていると感じている。だから来世を完全に否定することは難しいと私は考える。

消極的来世信仰は、死んだら仏になるという日本人の考え方とよく似ている。日本人クリスチャンの心の中ではほとんど区別がつかないのかもしれない。死後の世界が、日本人が行く仏の世界とキリスト教の天国とに分かれているということはありそうにない。天国というものがあるとしたら、そこは一つながりでなければなるまい。宇宙が一つの法則によって動かされていると考えられているように。それでは、日本人は皆消えて亡くなるがクリスチャンだけは天国のイエス・キリストのもとに行くと考えるべきか。それは私にはなおのこと難しい。消極的来世信仰では、すべての人が天国に行くと考える外はあるまい。

キリスト教の来世

キリスト教は新約聖書を根拠としている。新約聖書に来世信仰があることは明らかである。毎日曜日すべての教会で必ず唱えられる使徒信条には集約された形で述べられている。新約が旧約と明確に違っている点の一つはこの来世信仰である。それを整理すると以下のようになる。

一、天国、地獄

「彼らの行き着くところは滅びです。彼らは腹を神とし、恥ずべきものを誇りとし、この世のことしか考えていません。しかし、わたしたちの本国は天にあります」（フィリピ三19 20）。カトリック教会はいつまでたっても来ない終末をあてにできないので、専ら天国と地獄を教え、その中間の煉獄を考え出したりした。一九六〇年に開催されたプロテスタントの世界宣教シカゴ大会のメッセージに言う、「大戦以降このかた十億を超える魂が永遠へと旅立ったが、その半数以上がイエス・キリストの何者であり、また何故にカルバリの十字架のうえで死んでいったのかも聞かされないままに、地獄の劫火の苦しみのなかへ送られていった」。

二、復活

キリスト教はイエスの復活信仰で始まった宗教である。復活は聖書の中では死の克服、人が死ななくなるという意味で捉えられている。そこで復活は永遠の生命の一つの形ということになる。パウロはコリントの信徒への手紙一で復活体について論じている。「ラッパが鳴ると、死者は復活して朽ちない者とされ、わたしたちは変えられます。この朽ちるべきものが朽ちないものを着、この死ぬべきものが死なないものを必ず着ることになります。この朽ちるべきものが朽ちないものを着、この死ぬべきものが死なないものを着るとき、次のように書かれている言葉が実現するのです。『死は勝利にのみ込まれた。死よ、お前の勝利はどこにあるのか。死よ、お前のとげはどこにあるのか。』」（一五52―55）。

現代のわれわれがこういう荒唐無稽なことを信ずることはできないと私は思うのだが、教会では今でもイースターの礼拝では聖書に書かれている通りの復活が説教されることになっていると言ってよい。平信徒向けの、日本基督教団発行の雑誌『信徒の友』の四月号には必ず、指導的な立場の人の復活信仰についてのお話が掲載される。一例をあげると、『信徒の友』一九九四年四月号に井上良雄氏が書いている。氏はバルトの『教会教義学』（新教出版社）の翻訳者の一人である。「イエスが、三日目によみがえって、眠っている者たちの初穂になられたということです。そのような出来事が起こったということです。決して弟子たちの願いが作り出した幻影とか、観念や空想の事柄としてではなく、私たちの生きている時間と空間の中で、そのような驚くべき出来事が現実に起こり、私たちを取りかこんでいる死の包囲が破られたということです。……私たちは、この驚くべき告知をたずさえて、人々の雑踏の中に出て行って、『主は本当に復活された、死に勝利された』と、大声で告げるべきではないでしょうか」。

それでは一般の平信徒はどう受け取っているだろうか。先日私の教会の礼拝後の愛餐会である老婦人が、夫が死んだとき始めて復活を納得したと語ったが、聞いた人々は目立った反応をしなかった。それが何を意味するか私にはわからないが、おそらく複雑な思いで聞いたものであろう。これに比して、死後天国に行くことは当然のことと受け取られているように見える。しかし、それでは天国はどこにあるかと改めて問われると人は返答に窮するであろう。もちろん教会の中でそういう失礼なことを言う人はいない。

三、永遠の生命

新約には死後の生について、永遠の生命という言葉が出てくる。福音書にもパウロの書簡にもあるが、ヨハネによる福音書では主要な主題として出てくる。

永遠の生命と天国、復活はどう違うのか。私は永遠の生命の具体的な形が天国や復活なのだろうと思うが、天国や復活は信じないが永遠の生命は信じるという人もありうる。この言葉には哲学的、抽象的な響きがある。これはギリシャ思想の影響で現れた言葉であろう。それだけ捉えにくいのだが、来世を理論的につきつめて行くとき、最後に残りうるのはこの言葉であろう。

四、終末、再臨、最後の審判、神の国

イエスはこの世の終わりには天変地異が起こると言っている。パウロはイエスが天から降ってきて、世界を支配し、そのとき最後の審判が行われると信じていた。こういう一連の事件は地上でおこると言われているが、われわれが知っている自然や人間生活が発展してそうなるというのではない。神が超自然的に、言わば外部から襲ってくるというイメージで語られている。

神の国とは神の支配という意味である。キリスト教の信仰では、神は常に世界を支配していることになっているのだが、新約にはこの世は悪魔が支配しているという主張がたびたび出てくる。イエスは「神の国は近づいた」と言っているのだから、神はまだ世界を支配していないと思っていたのだろう。だから神の国とは、神が何らかの形で直接出現して支配するという意味であろう。そういうことはやはり超自然現象であろうから、来世の一種だと言えよう。すなわち広義の来世である。以下の文章で来世と言うときは、天国、地獄、復活、永遠の生命を指す。広義の来世のときは別にそれと断ることにする。

以上のようなさまざまな来世は、元来一つの来世の原理があってそれがいろいろに表現されたものではないらしい。新約聖書は、キリスト教会がだんだん形をなしてくる段階で、支配的なグループや理論家がそれぞれの考え方で記した文書を、教会がある基準で取捨選択して出来上ったものである。細かく見ると相互に矛盾する思想がそのまま残されているところがある。

天国の思想は霊魂不滅説に基づくものであるが、これは元来ギリシャ思想であってユダヤ人の思想ではない。復活は旧約にはなかったものでペルシャ起源のものだというのが定説になっているらしい。しかしイエスが生きた時代には既にこの二つの思想はユダヤ社会に行き渡っていたらしい。永遠の生命は新約のキリスト教が造り上げた言葉かもしれない。ヨハネによる福音書ではそれが内面化、現在化され、救いが現在に与えられていると言われている。「わたしの言葉を聞いて、わたしをお遣わしになった方を信じる者は、永遠の命を得、また、裁かれることなく、死から命へと移っている」（ヨハネ五24）。ある人はこれを瞬間的現在永生論と名づけている。

いろんな言葉や解釈があるということは、曖昧さによって信徒の間に混乱をおこすというよりは、人々の多様な要求、考え方に対応できるという利点があると言える。これが宗教というものの不思議さだと思うが、この複雑きわまりない世界を一つの理論で説明できるとは、本当は誰も期待していないので、それよりも、人々の欲求にとにかく一応の答えを与えてくれることの方が重要だということかもしれない。

天国と復活についてのコメント

『死と生を考える』（村上伸編著、ヨルダン社）の中で「新約聖書における死の意味」と題して大貫隆氏が書いている。大貫氏は一九四五年生まれ。この書物が出版された一九八八年現在東京女子大学文理学部助教授。ドイツの大学で神学博士をとっているが本来は聖書学者ではないかと思う。

「新約聖書においては、人間の肉体の死はその人の個性と責任の消滅を意味しません。人間の個性は死を超えて責任を問われ続けるのです。……死んだ人間も『眠っている』のであり、最後の審判の時には、呼び起こされて、それぞれ生前のわざに応じてさばかれるというのですから、人間の個性は死によって消滅せずその責任を問われ続けるのです。人格という概念の本来の意味は、まさにそのように神の前に一人責任的に立つ個性ということであって、キリスト教の以上に述べたような考え方を知らないでは十分に理解できない性質のものです。この意味での人格・個性の不滅のことを、新約聖書は『からだのよみがえり』と呼ぶのです。『からだ』とは、新約聖書の用語法において、肉体という意味に限定されず、その人自身という意味に他ならないのです」。

この文章は何か新しいことを言っているように見えて、よく読むと大貫氏は「肉体のよみがえり」を否定してはいない。肉体という意味に限定されず、精神生活も含んだその人の全体が復活するという主張である。復活の主意は肉体にあるのではなく人格全体にあるというのである。しかしわれわれが「からだの甦り」というとき、誰も心は抜け落ちて脳死状態のように身体だけが復活するなどとは思っていまい。日常生活でわれわれは目に見える肉体がその人の全部だと思っている。それ以外のどこかにその人がいるとは全く考えない。そうしてみると、霊魂不滅を主張する人も、その霊魂の中にその人の生前の記憶のすべて、その人がそれまでになしたすべての事が保存されていると思っているはずである。パウロは「霊のからだ」という曖昧な言葉をつくり出したが、こう考えると、どの言葉も大して違わないのである。

パウロはイエスの復活は初穂（コリントⅠ一五20）であって、信徒もイエスに倣って復活するのだと言っている。イエスは三日目に甦ったのだから、まだ身体の形が崩れずに残っていてそのまま復活することができたが、キリスト教が始まってもう二〇〇〇年もたっているのだから、最初に死んだ信徒には甦りに使う身体がない。パウロは先に死んだ人は眠っている（テサロニケⅠ四13）と言っているが、彼は自分の生きている間に再臨があると信じ込んでいたので、死んだ人々の身体がまだ崩れずに残っていると思うことができたのかもしれない。今の時代の信徒が復活まで残っているとしたら霊魂の形でしかあり得ない。キリスト教は復活信仰なので霊魂不滅説ではないと主張する人がいるが、不滅でないにしても霊魂がなければ復活までのつなぎがない。そのうえ霊魂がその人の生前の身体の形についての情報をすべて保持しているか、または歴史上のすべての信徒の身体についての情報が霊界のどこかに貯えられているかでなければ、復活は不可能であろう。その情報はどこに、どのようにあるのだろうか。復活は無からの創造と同じなのだと言う人もいるが、確かに完全に死んだ人の復活はそう考えるべきではあるが、復活は前に生きていた人の再現であるのだから、全くの無からではない。全くの無からだと、復活した人は別の人になってしまう。

私がこういう議論に気付いたのは、波多野精一著『時と永遠』（岩波書店）を読んでいたときである。『旧約と新約の矛盾』の中の「復活について」の章で私はこのことに触れた。京都大学文学部にはキリスト教学の講座があるが、始まったのは波多野精一のときである。彼は霊魂不滅を信じていないらしく、今私が述べた人間の身体の情報の保存の疑問に答えて、「神の根源的回想の真実」「神の人格的同一性」と言っている。彼の議論はここで停っているが、では如何なる方法でとその先を問われると、情報の保存ということが出てくる。そんな空想的なことを論じても無駄なことだと人は言うだろうが、これは案外重要なポイントである。後ほどまとめて論ずることにする。

来世の正統的解釈

前に聖書に基づいてキリスト教が教える来世のいろいろな形について述べた。もう一度改めて、教理について解説する書物から引用しよう。

まずカトリックは天国と地獄をはっきり教えるのだから曖昧な所は全くないと言えよう。要するに霊魂の中に生前の人間の全部が保存されていると考えている。どういう形で保存されているかと問われれば、それはわからないと答えるのであろう。『キリストの教え』（ロナルド・ローラー他著、後藤平他訳、中央出版社）は、「成人のためのカトリック要理」という副題がついていて一般信徒向けのものだが、全般にわたってまとまった書物である。「キリスト信者の死」という章から。

「人間の何かが、人間にとってもっとも固有な何かが、人間の真実の一部である肉が死によって解消する時にも、いぜんとして生き得ているのである。人間の霊魂は、人間のすべてではない。肉体と対立して一時的に肉体を占めているようなものでもない。むしろ、霊魂は人間の生ける原理であり、肉体に生命を与えるために造られている、というべきであろう。肉体の死後、この生ける原理は存在し続けている」。

それではプロテスタントはどう考えているか。『キリスト教神学概論』（佐藤敏夫著、新教出版社）から引用する。佐藤氏は現在東京神学大学名誉教授であるから、この人の説は正統派の見解とみなしてよいだろう。「従来の理解では、人間は、死んで、肉体は滅んでも、霊魂は存続すると信じられていた。しかし現代では、霊魂という概念は、科学の世界から追放されている。たとえ、そうであっても、哲学や神学の領域で固守されるということもありえないことはないのであって、霊という概念がその例である。しかし、霊魂については、死後の存続ということは次第に受け入れられなくなっている。そうなると、死は心も肉体も滅ぶことであり、かくて、復活のとき、朽ちることのない、栄光の体、霊の体へと変えられるということになる。同時に、これまでと違ってくるのは、死と共に信仰者は永遠化されるということである。霊魂の存続が信じられない場合には、一つには、死から復活までの中間状態を考えず、死と共に永遠化すると考える道がある」。

佐藤氏は、私が前節でした議論、復活までの間霊魂の状態がどうしても必要になるということに気付いており、それを避けるには死後直ちに永遠化するとすればよいと考えたのであろう。キリスト教の来世の最終形態は復活だから永遠化とは復活ということになる。肉体の復活だと死後そうなった人は一人もいなくて困るわけだが、霊体の復活だとどこにいるのかと問われなくてすむということだろう。霊魂は非科学的だからやめようと言うのだが、復活は非科学的でないと言うのだろうか。

霊魂も復活も当然一人一人のことだと考えられているのだが、日本人が宇宙の大生命に帰るというときは個人の存続を求めてはいない。しかしキリスト教はあくまで個人の人格の永遠化を信じたいわけで、先に大貫氏の説を紹介した通りである。後にティリッヒの同様の説を紹介する。

ある牧師の答え

先に私は、教会では牧師は聖書をそのまま説教する、私の言う積極的来世信仰にあると書いた。使徒信条をそのまま唱えているのだから、それ以外の対応はあり得ないと言えそうだが、牧師も信徒と同じく現代社会に生きているのだから、そう簡単にいかないのが現実である。さまざまな解釈をして教会の外の考え方に合わせようとする。

その一例をあげると、『信徒の友』一九九九年三月号に信徒の質問に牧師が答えるコーナーがある。質問「霊魂の不滅を信じているのですが、最近牧師の説教で『霊魂は肉体と共に死滅する』と聞き、ショックを受けています。霊魂不滅の思想は誤りですか」（六〇代、男性）。牧師の答え「『困ったなあ』というのが、ご質問に対する私の率直な感想です。つまり、どうお答えしても異論がありそうな問題だからです。聖書には『身体を殺しても魂を殺すことのできない者を恐れるな』等と、霊魂の独立を示しているような個所が多くありますが、それを根拠にして『霊魂不滅』を論じ始めると『肉体と魂』という二元論に陥っていきそうです。また、『霊魂も死滅します』と言い切ってしまうと、『神さまのもとにある平安』という永遠の生命についての信仰を否定してしまうことになるでしょう。神学的にも聖書理解においても、一〇人の牧師が集まれば一〇通りの解釈や主張がありそうな問題です」。このあとの牧師の答えは歯切れが悪いが少し省略して結論を引用する。「信仰的には『死んだ者は、復活の主にゆだねて』と理解しながらも、なおどこかで生き続けている存在を確かめたいという思いは、一概に否定できないものです」と、霊魂不滅を求める人に理解を示しながらも、「あなた自身が『今という時を誠実に生きて、次代の人たちに証しを立てたい』と祈り続けているならば、『霊魂』について議論をしたりショックを受けたりする前に、神の前にある平安な生き方とその影響力に思いをいたすことができるのでしょう。『信仰の問題として』とお手紙にありましたが、今を生きる信仰の確かさこそが、結局はこの世の生死を超えた主との共生へと、希望を抱かせてくれるのでしょう」。

この結論をざっと読むと、要するに、死後のことなど考えるな、今という時を信仰に生きよということになる。その考えは先のヨハネによる福音書の瞬間的現在永生論と同じである。それでは最初から来世はないと言ってしまえばいいではないかと問われるであろう。しかしよく読んでみると「復活の主にゆだねて」であるから復活信仰を捨てたわけではない。復活はかつて人間であったイエスが今も生きているという信仰である。この牧師がなぜ前節の佐藤氏の説を採用しなかったのかは分からないが、信徒の復活という信仰は今の日本では通りが悪いということかもしれない。イエスは復活したが、信徒は死後天に召されて天国に行くというのが今の教会の通念なのだろう。

一般平信徒にしてみれば、日本人は皆死後仏になると言うのにクリスチャンは死んだらおしまいでは都合が悪いので、質問者の教会の牧師も霊魂不滅を否定するならば、それに代わる復活について丁寧に説明すべきであったのだろう。もしいつのことかわからない信徒の復活を信じさせることが難しいと思ったら、霊魂不滅の否定を遠慮すべきであったのだろう。

天国はどういう所か

「つまり、被造物も、いつか滅びへの隷属から解放されて、神の子供たちの栄光に輝く自由にあずかれるからです」（ローマ八21）。「滅びへの隷属」とは自然界に生きていることを意味している。この世ではすべての生物は死ぬ運命にある。「神の子供たちの栄光」とは来世において与えられるものである。

普通、地上の植物、動物と同じものが天国にもあり、その中でもとりわけ美しい物だけがあると想像されている。しかし天国に自然があるわけがない。地面がないから木立もなく、新緑もなく、春の花もないはずである。白い雲と青い空、暖い日射しもなく、犬も猫も鳥もいない。もしそういう世界があって、住みたいかと問われたら私は断わるだろう。天国は人間の霊魂だけがいる所である。霊魂とは心のことである。心だけで物が全くなかったら生活もないだろう。食物も衣類も住居もない。生活がなければ人間の行動もないわけだ。行動がなければそれを規制する法律も道徳の必要もない。殺される身体があるから「殺す勿れ」という律法が必要になる。身体のない天国には律法もないはずだ。もともと生活がなければわれわれは何もすることがないのである。

以上のように言われると、天国を地上と同じ形で描くのは象徴なのだとある人は答えるだろう。では天国は何の象徴なのだろうか。本当の天国はどういう所なのか。

天国には人の心だけがあることになっている。心には大きさも重さもない。心はどこにあるのだろうか。心が身体に結びつけられていることは確かである。身体の位置が変わると心の見る世界も変わる。身体が壊れてしまった後の心はどうなるのだろうか。それをうまくイメージできないので、人々は霊魂というもの、何かぼんやりして、もやもやした塊りを描いているらしい。しかしそれではまだ形があり大きさがある。今までに死んだ人々の霊魂が集まったら尨大な量になるだろう。それだったら生きているわれわれがなんとか捉えることができそうではないか。

人の心には拡がりがないのだから、どこにあるという位置もないのだろう。そういう心が無数に集まっているのが天国であるわけだが、どういうふうに集まっているのだろうか。どう考えを進めていいのか全くわからない。こういう事を書いた書物があるのだろうか。われわれは他人をまず身体と考えているので、人の集まりも地上でのように考える以外の考え方を知らない。

われわれが天国に行ったとき、昔からいる人々とどういう手段でコミュニケーションするのかという疑問がある。二〇〇〇年前のユダヤ人イエスが話していたと言われるアラム語やヘブライ語、ギリシャ語、ヨーロッパ中世の言葉をどのようにして習得するのだろうか。その前に、天国では身体がないので喋ることができない。口もなし耳もなしで、心に浮かぶ想念がストレートに相手に届くのだろうか。そもそも私と相手とはどういう具合に別の人間でありうるのだろうか。二人の人の境目はどうなっているのだろうか。心が届くというのだが、どういう道筋を通って届くのだろうか。こういうことを想像してみても際限がないが、普通はこういう理屈は言わないことになっている。具体的に考えずに、望み、憧れを投影する所に天国についての人間的真実があるということだろう。

ある書物に、少し前の日本基督教団総会議長で、先の戦争に対しての教会の「戦責告白」を公表した鈴木正久氏が、一九六九年、五六歳で癌のために亡くなるときのことが書かれていた。鈴木氏が死の直前に、「主のみ国（天国）で皆さんに会えることを心から信じている」と言っているのを読んで、なかなかの学者でもあったらしいこの人でも、死ぬときはこういう風に言うものかとちょっと驚いたことがある。もっともこれは教会員にあてて録音されたものだと言う。これが悪いと言うつもりはないが、信仰というものの素朴さに驚いたのである。しかし普段の説教でこのように話しており、葬式のときは賛美歌四八九番「清き岸辺にやがて着きて、……やがて会いなん、愛でにしものと」を歌うのであれば、牧師としてはこれ以外の言い方はなかったのであろう。

以上天国という思想の曖昧さ、とりとめのなさ、矛盾をいろいろ挙げたが、それは元来何か具体的な経験、根拠の上に立つものではなく、要するに人間の想像力が描き出したイメージであり、その想像力を駆り立てるのは地上生活の欲求不満であるということではないか。地上では苦しみが多くどうしても逃れられないが、天国では喜びだけがある。地上では自分が生んだ子孫のため、自分の属する一族のために苦労して働き、時には戦争もしなければならない。地上では時には餓えなければならないが、天国では食べる必要がない。天国では嵐も豪雨も旱魃もない。天国には病気がなく老いることがなく、死ななくてよい。天国は自分たちの神が完全に支配している。天国は地上で生きる人々のすべての不満が解消され満たされる所である。地上ではそういう所はどこを探してもない。天国はただそれを信じるだけで何の努力もなしに満足が手に入る場所である。それは白昼夢と本質的にかわらないのではないか。信仰というのは一種の魔法なのだ。

キリスト教信仰では父なる神とイエス・キリストが絶対的な力と意味をもっているわけだから、天国においてその側に仕えることができるとすれば、それが人間にとっての最高の幸せであり、生きる目標だということになる。「わたしたちの本国は天にあります」（フィリピ三20）。「わたしたちの卑しい体を、御自分の栄光ある体と同じ形に変えてくださるのです」（フィリピ三21）。天国には「卑しい」自然と人間の生活がなく、天国での体はキリストの「栄光ある体と同じ形」である。

先にある牧師が、霊魂不滅説を二元論だと否定するのを紹介した。確かにキリスト教神学の正統的見解は一元論、現実肯定であるらしいのだが、聖書のこういう箇所は疑いもなく二元論、来世礼讃説である。ただし、いくら来世の栄光を説いて信仰にはげめと教えられても人はこの世をあきらめはしない。

霊的世界の記憶装置

身体を離れた霊魂が一人の人として活動しうるためには、今までの人生のすべての記憶を持っていなければならない。生きている間は身体があって、一つの身体は間違いなく一人の人である。たとえすべての記憶を喪失したとしても誰もその人が人間でないとは思わない。しかし身体を失えばそうはいかない。人は忘れることがあるから、すべてを記憶していなくてもよいだろうが、その人特有の記憶がないと、他の人と切り離された一人の人であることはできまい。それはどこに保存されているのだろうか。人は老衰すると、今食べたことを忘れ、自分の生んだ娘に、あなた様はどなたでしょうかと訊ねるようになるそうである。私なども新しいことを記憶するのが難しくなって、少し前に読んだ本に何が書いてあったか全く思い出せない。それでいて子供の頃のことはいつまでも忘れないで残っている。人が死んだとき霊魂に移る記憶は老衰状態の記憶であろうか。老衰した人を神が裁いても本人は何のことかわからないだろう。それとも、本人の身体に残っていた記憶は壊されて永遠に失われてしまっているが、魂は生まれてから死ぬまでの経験のすべてを別に保存しているのだろうか。または本人の記憶とは別に、神は一人一人の生涯を別の記憶装置に保存していて、それを使って裁くのだろうか。

心の現象はすべて脳が作り出したもの、脳の活動の二次的な産物だという説がある。随伴現象説や心脳同一説と呼ばれるものである。しかし私は前章「人格神と自然科学」でその説を採用しなかった。心の活動と脳とは別の存在であると考える。それにしても人間の心の働きと脳の活動は密接な関わりがあり、心の動きには必ずそれに相応する脳の物質的変化があることは認めなければならないと思う。人間の心と脳の働きのメカニズムは一種のコンピュータだと一般に考えられていると思う。コンピュータはＣＰＵ（中央処理装置）とメモリー（記憶装置）からできている。人間の考える働き、意識などはＣＰＵに相当するだろう。現代の脳の生理学や人工知能の研究の著しい進歩にもかかわらず、この部分についてはまだ未知と言ってよいらしい。もちろん私にはなんの知識もない。そこで私は記憶装置に限定して考えることにした。

記憶がとりわけ脳の物質、特に神経細胞やその動きの中に保存されていることは現代の生理学では確実なこととされている。たとえば脳の一部が損傷をうけるとその部分が担当している記憶や精神活動が失われる。昔は身体と独立に霊魂というものがあって、記憶もその中に貯えられていると考えられていたが現代では認められない。私はこの考え方が正しいと考えている。そうすると、死後の霊魂が一人の人としてあるためには、霊魂が記憶装置をもっていて、その人の生前の記憶をすべて脳から引き継がなければならない。肉体にくっついていた時はなかった記憶装置を新たに備えるということになろう。私はそういう記憶装置はないだろうと考える。元来霊魂は物質でないのだから大きさがなく、地上で生きている人間にはその存在を感知する方法がない。そういうものがあるのかないのか、あるとしたらどういうものなのか、想像しようにも手がかりがない。だから本当は何とも言えないと言うべきなのだろうが、私はないと考えたい。

世の終わりに神が最後の審判をするとき、それを受ける人は霊魂としてあるのか復活体としてあるのか分からないが、いずれにしてもそれが生涯の記憶を保持していなかったら一人の人だとは言えないだろう。裁く神の側としても、今までのすべての人々の経歴をデータとしてどこかに保存していなければ裁判ができまい。神はどこに、どういう記憶装置をもち、どういう方法でそこから情報を取り出すのだろうか。

一人の人が死んだとき直ちに裁いて、その結果だけを記録しておくという方法で、記憶装置の容量を倹約することもできるが、そのときでも、その人が生まれてからの世界のすべてを記録しておかねばなるまい。神は世界のすべての人を裁くわけだから、結局神は世界そのものをすべてデータとして保存しておく装置をもたなければならなくなる。

今この机の上に陶器のコップが一つある。そのコップを再現できるような情報を集めるとする。私は少しばかり油画をかくのだが、コップは少し角度をかえるとその度ごとに形が変わり、当てられる光線によって色が変わる。外見をようやく記録できたとしても、コップを割ったときの中身は分からない。コップにはある厚味があり、その中の焼かれた粘土は様々な分子構造になっているのだろうが、その全部を情報として保存できるだろうか。その上コップは時間がたつと外界との交渉によって極く微量ではあるが変化してゆく。このように一つの物体にしてもそれについての情報は無限であることがわかる。たとえ神が無限であるとしても、コップ一つの情報のすべてを記録保存することは不可能のように見える。いわんやそういう物が無限にある世界である。だから、外から情報を取って記録するという手段では、世界を保存することはできないのである。

一つのコップを再現するためには、もう一度そのコップを造って同じ位置に置くしか方法はない。前と同じことを再現するには前の状態の情報が保存されていないと、再現されたかどうかを決めることはできない。世界の情報を保存できないとすれば再現もできない。結局神は裁判ができないことになろう。

裁判ということになると、情報の記録以外に、判定の基準という問題がある。世界各地で何千年間に生きていた無数の人々に普遍的に妥当するような基準が一体ありうるものであろうか。聞いたこともない遙か昔の遠い国でつくられた法によって裁かれる人はとうてい納得しないだろう。


今までの議論をまとめるとこうなるだろう。生きている間の人間の記憶は物質としての身体に貯えられている。死後の霊魂が人としてあるためには生前の記憶を保持していなければならない。しかし物質でない霊魂にはそういう場所はありそうにない。また最後の審判で人を裁く神も世界全体の記憶を保存していなければならないが、神は無限だとしても世界についての情報もまた無限であって、そういう装置はありえない。

ここから出て来る結論は、死後の霊魂というものはない、神の審判もあり得ないということになる。今私が述べたような議論を考えた人はいたかもしれない。議論好きな欧米人の中には本気で考えた人がいたはずだと思うが、寡聞にしてそういうものを読んだ記憶がない。恐らくこれを読んだ人は変な理屈を言うと思われるであろう。従来キリスト教の神学などでは、人間は有限で不完全であるが神は無限である、完全である、全能である、不可能なことはないという論理ですべて片づけられているように見える。こういうことを考えてゆくと、さてどこに行きつくのであろうか。

生命の無限継続

永遠の生命という言葉の通俗的な意味は、個人の不死、個人が無限に生きつづけるということである。「しかし、あなたがたが近づいたのは、シオンの山、生ける神の都、天のエルサレム、無数の天使たちの祝いの集まり、天に登録されている長子たちの集会、すべての人の審判者である神、完全なものとされた正しい人たちの霊、新しい契約の仲介者イエス、そして、アベルの血よりも立派に語る注がれた血です」(ヘブル一二22—24)。ここには原始キリスト教会の信徒たちが来世において手に入れたいと憧れている様々のものが鮮やかに描き出されている。そこにはユダヤ人の民族としての願望が明らかに見られる。ユダヤ人たちは律法を捨ててキリスト教徒になっても、ユダヤ人を諦めたわけではない。その生き続ける具体的な形が天国であり復活である。私は前節で個人の霊魂というものはない、神の審判も不可能だと述べた。復活については前章でそういう超自然的なことはありえないと論じた。

ティリッヒは『組織神学』第三巻(土居真俊訳、新教出版社)で通俗的な生命の無限継続説を批判している。この後たびたび引用するので説明をしておく。ティリッヒは自分の神学体系を構築したいという願望を若い時から抱いていて、第一巻を一九五一年、第三巻を一九六三年に出版している。哲学の好きな人には大変面白い本であるが、第二巻、第三巻は改訳の予定とかで出版社にも在庫がないが図書館で探してもらうことはできる。

「究極的なものはすべての時間的瞬間を越えるからである。歴史の成就は歴史に常在する歴史の終りに横たわっている。それが神の国の超越的側面であり、永遠の生命である」。「通俗的な想像と神学的な超自然主義は超越的な王国について非常に多くのことを知っている。なぜなら、それらは、その中に、歴史の中で、また実存の諸条件の下で経験されるような理想化された生の複製を見るからである。この複製に特徴的なことは、われわれが知っているような生の否定的側面、たとえば、有限性、悪、疎外等々のことは除外されているということである。人間とこの世界の本質的性質から得られた希望に満ち満ちている。実際において、通俗的な希望の表現は本質的に正当化される希望の限界をはるかに越えている。それらは時間的生の曖昧な資料と彼らが呼び求める欲望とを超越の領域に投映したものである」。

これは天国について描かれる空想的イメージの批判である。讃美歌四八九番の描く世界、「失せし望みはここに得られん」という世界の批判である。ティリッヒの主張の根拠は、人間は本質的に有限なものだから永遠に生きるということは原理的にあり得ないということであろう。ティリッヒは前章で引用したように超自然的来世を信じていない。この考えは復活を信じていないことに通ずる。彼は「組織神学」の中で復活をほとんど論じていない。

理屈はどうにしろ、無限継続でない永遠というのはひどく分かりにくい。『教義学講座』Ⅰ（日本基督教団出版局）の「永生論」から引用する。筆者の大塚節治氏は元同志社大学教授。「つぎに永遠とは何か、最も一般に理解されるところでは時間の無限連続をいう。つぎには超時間的、『今』を指す。この場合永遠とは、時間の長さでなく、時間が生命に充たされていること、すなわち『充てる今』を意味する。それはただ生きるというだけでなく、尊いもの、価値あるもの、朽ちないもの、永遠なるものに充たされていることを意味する。そこで永遠の生命という場合、おおまかに言って二つとなる。一つは時間的に限りなく生きることである。通常不死といわれるものである。他は現在に永遠を把握する、あるいは永遠者に把握されるということである。前者は通常万人共通のものと考えられ、後者は特殊の場合に限られる。そこで前者は広義の永生であり、後者は狭義の永生である。キリスト教で、永生といえば後者の意味においてであるが、筆者は両方を適宜に用いる」。

大塚氏はまた「キリスト教の瞬間的現在永生体験は、それ自身完結したものであるが、それは死後の永生と切り離して考えることのできないものである。瞬間的現在永生は、それ自身完結であるが、同様にそれはもろきもので、少なくとも主観的には永続性をもたない。……今、神に摂取され、救われているという体験も、つぎの瞬間には、依然として罪に悩む自己を発見するというのが、凡人の常である」、われわれは死後彼岸の世界に通俗的永生を望まざるを得ないと言っている。

理論的検討に耐えうるのは大塚氏の言う瞬間的現在永生だけだと思うが、残念なことに分かりにくい。他の書物からも引用して説明したい。

『死と永遠の生命』（大林浩著、ヨルダン社）から引用する。大林氏は同志社大大学院卒、アメリカのいろいろな大学の教授をしている。専門は歴史神学である。「人間一人ひとりの生命に、無限の価値が見出されるということを、聖書は『永遠の生命』という表現で表しているのである。無限の意味と価値、それは、もちろん、我々がつくり出せるものではない。己が生を、それ自体、どれだけ見つめてみたところで、そこには、そのような意味がないからである。それは、神が我々に賦与するもの、よみがえりを通して実現されるもの、神に対する我々の応答を通して可能になるのである。だからこそ『信仰によって』永遠の生命が得られると、イエスも、パウロも、また、使徒たちもいうのである。すなわち、我々が、我々の存在の根拠を神に見出した時に、それが与えられるのである」。「このように、復活によって、イエス・キリストが死を克服したということは、死をなくしたということでも、生を無際限にしたということでもない。存在と生とを無に帰する、この最も否定的な現実としての死にも、生に豊かな内容を盛る機会になるという、積極的、肯定的な役割を果たさせる。その破壊力を存分に発揮する時でさえ、死は結局、生に仕えざるを得ないということである。死はその破壊力で猛威をふるい、最終的に勝利を得たと思っても、意図せずして生に仕えてしまっている。……人間の生は、……死を内に含んだ生でしかなく、それ自体をいくら見つめても、その中には根拠も、理由付けも、意味も見出せないもの、絶望に終わって当然なものである。それにもかかわらず、その人生を超えて、それを包む存在に根拠を見出す時には、一見、無意味な生に、新しい意味が見出される。死を本質とする生が、その死を超えて輝く意味を発見する。これが復活の意味であり、いったん、その新しい意味が見出されると、その生は、死を克服して意味をもつことになる。すなわち『永遠の生命』となる」。

引用が長くなったが、それだけ「永遠の生命」という概念はひと言で表現できない複雑なものだということである。著者の主張を整理、分析してみよう。

まずこの中には生命の無限継続がない。「死をなくしたということでも、生を無際限にしたということでもない」。前節で書いたように無限継続は簡単に理解できるが理論的にはうまく行かない。一口で言えば超自然を認めたくないということである。その前提に立って永遠の生命をどう考えるかという問題である。

永遠の生命とは生に「無限の価値が見出されること」「新しい意味が見出されること」「死を克服して意味を持つこと」と言われている。それでは誰でも自分の生に新しい意味、無限の価値があると信じうればそれでよいのか。世界にはキリスト教以外にさまざまな宗教があり思想があるのだから、それはそれで悪いとは言えまい。しかし大林氏の考えはそうではない。その価値は「我々がつくり出せるものではない」「神が我々に賦与するもの」「信仰によって得られるもの」である。人は言うかもしれない。私は私の仕事に死を超えた意味を見出している、あなたはあなたの神に意味の根拠を見出している、結局は同じことではないかと。例えば同じような一神教であるユダヤ教、イスラム教でも永遠の生命と言うのではないかと。しかし今はキリスト教の話をしているのだから、その問題には触れないことにしよう。

以上で大林氏の主張の中心になる筋道がわかったと思うが、残る問題は「よみがえりを通して実現されるもの」「復活によって、イエス・キリストが死を克服したということ」と言われている所である。著者は永遠の生命は、キリスト教では必ず復活と結びつけられていると考えている。しかし通常イエスの復活は時間の中で生起した、現実の事象だと信じられているし、信徒の復活となるとそれはこれから先の未来の出来事である。とすると著者の考え、生死に超自然を認めない考えと矛盾するし、瞬間的現在永生でもない。これは著者が復活を現実的事件と考えていない、信徒の復活を信じていないということであろう。イエスの復活は、イエスが肉体では死んだが神として永遠の生命であり、それが信徒に与えられるわけだから、復活は必要ないようにも見えるが、キリスト教はイエスを飛び越して神に近づくことを認めないのだから、復活は永遠の生命が与えられるための条件、証拠ということであろう。もし人間に罪があるから与えられないとすれば、復活の前に十字架の贖罪がなければならないわけであるけれど。

以上の説明だと永遠の生命の説明に永遠の生命が出てきて、よく考えるとこれでは説明になっていない。結局この問題の根源は神が永遠の生命をもつということと、それが人間にどのようにして与えられるかということにあることがわかる。前に紹介した『キリスト教神学概論』によれば、「神は永遠者であるが、人間が復活するとき、当然のことながら、神と同じ永遠者になるのではなく、永遠という神の属性にあずかるものになるのだということである。……永遠の生命体は、時間の無限の延長ではない。永遠の生命はいつまでも死なないということではない。時間の無限の延長は、たしかに死によって中断される生命ではないが、永遠の生命ではない。それは朽ちるものから朽ちないものへの質的な変化であり、飛躍であり、古い生命との断絶における新しい生命の誕生であり、出発である」。

ティリッヒの『組織神学』第三巻には、「すべて創られたものは存在の永遠的根柢に根ざしているという真理」「すべてのものは永遠より来たり、またそれに帰らなければならないという真理」などという言葉がみられる。よく読んでみると、結局永遠の生命ということ、永遠ということはわからないのだと言わざるを得ない。この言葉の説明はいつも循環論なのである。

当然のことながら、キリスト教の理論的組立はすべて最後に神の観念につき当る。神がすべてを支配しているのだから。永遠なる神がいなかったら、人間に永遠の生命があることはない。これは改めて論じなければならないのだが、何故に人間に永遠の生命があるなどということを考えるのかとつきつめて行くと、なぜそういう神がいると考えたのかということに行きつく。西欧ではキリスト教の永い伝統があって、そういう神が存在することは当然のことだとされている。ティリッヒの考えでは、神は「究極的関心」の対象なのだが、究極を求めて考えて行って、なぜ神につき当って停るのかは説明されていない。それはティリッヒが西欧文化の中の人で、それから先を考えられないからであろう。他の文化伝統に生きる人々には、キリスト教の神を考えて停ることの必然性はないであろう。

次に神の永遠の生命がいかにして人間に与えられるかという問題を考えよう。信仰は人間の心の動きなのだが、信仰の結果永遠の生命が人間に与えられるということは、なんとなく分かったようでよく考えるとわからない。

パウロは実にいろいろな言い方をしている。「死ぬはずのこの身にイエスの命が現れるために」（コリントⅡ四11）、「死ぬはずのものが命に飲み込まれてしまうために」（コリントⅡ五4）、「キリストに結ばれる人はだれでも」（コリントⅡ五17）、「キリストがわたしの内に生きておられるのです」（ガラテヤ二20）、「キリストを着ているからです」（ガラテヤ三27）、「キリストがあなたがたの内に形づくられるまで」（ガラテヤ四19）。

人間の言葉は元来物の動きを表すように作られているので、林檎や一万円札が与えられるのはすぐわかるが、永遠の生命が与えられたり、それを受けたりするということがどういうメカニズムによるのかは分からない。観念は物のようにやり取りされることはない。私の心が外からの刺激や他人の言葉をうけて、考えや感情を変えることはある。あるとき自分に永遠の生命があると感じることはあるだろう。人の心は常に動いているものだから、暫くしてそれを疑ったり忘れたり、考えをかえたりすることもあるだろう。いずれにしても私の考え私の感情であることに変わりはない。しかし私が永遠の生命という何か固定したものを受けとっていつまでもそれを持っていたり、身体を含め私の全部が永遠の生命に変化するということはない。
上記のパウロの言葉は、私というものが何か形のある霊魂であって、同じく形のあるイエスの命と結びつけられたり、それに飲み込まれたり、上から被せられたり、また私の心の中にそれが入り込んだりすると言っている。人間の言葉はそれ以外の表現をする能力がないのだと思うが、その表現で示していること自体は、私がいろいろに感じたり考えたりしているということ以外ではない。だから永遠の生命を神から与えられるということも、その人がそのように思い込む、そういう感情に満たされるということ以外ではあるまい。

話を戻して、結論として神を信仰することがすなわち永遠の生命をうることであるから、生前でも構わないわけで、瞬間的現在永生はその意であろう。しかし人間は生きている間はほとんどの時間を無意識に生きているので、そのためには永遠の生命はなくてもすむ。やはりポイントは死後どうなるかということになろう。信仰に熱心でいつも心にイエス・キリストを念じている人、いつも心をそそいで祈っている人はそのままで永遠の生命を手中にしていると言えるだろう。そういう人は死後どうなるかを余り詮索しようとしないだろう。先に「ある牧師の答え」で牧師が最後に答えとしたのはこのことであろう。

永遠における個人の存続

死後の永遠の世界で個人はなお個人として存続しているであろうか。永遠の生命の具体的な形が天国であり復活であるとしたら当然そうあるべきであろう。日本人が宇宙の大生命から出て来て死後そこに帰るという場合は、個人の存続は考慮の中にない。われわれ日本人はあくまで個人が生き続けたいとは願わないらしい。死後仏になるとは言うけれど、浄土で親しい人に再会するとは言わない。しかしキリスト教は最後まで個人にこだわる。先に紹介した正統的解釈はいずれも個人の存続を信じている。

ティリッヒのように哲学的に考えて、霊魂不滅と復活を否定する人は、個人の存続にこだわらなくてもよさそうに見えるが、この人もドイツのルター派の牧師の子として育ち、後半生はアメリカのキリスト教社会の中で生きた人だから、日本人のわれわれが想像するようなものではない。『組織神学』第三巻の終わりの章で彼は永遠の生命について論じている。「キリスト教が『復活のからだ』を強調することも、個々の人格の独自性の永遠の重要性に対する強い肯定を含蓄している」。「個人の永遠の運命との関連において、最もしばしば提起される問いは、永遠の生命において自意識をもった自我が存在するかどうかということと関係している。……まず第一には、自意識をもった自我は永遠の生命から排除され得ないということである。永遠の生命は生命であって分別されない自己同一ではないがゆえに、また神の国は愛の普遍的実現であるがゆえに、個別化の要素は除外され得ない。さもなければ、参与の要素もまた消失してしまうであろう。参与する個的中心のないところでは、参与もない。二つの極は互いに他を条件づけている。そして、参与する個的中心のあるところでは、実存の主体—客体的構造は意識の条件である。もし人格的主体が存在するならば、自意識も存在する。このことは次のような命題に通ずる。中心化され、自意識をもった自我は永遠の生命から除外され得ない。それのすべての機能において自意識を前提とする精神の次元は永遠の成就を否定され得ない。それはちょうど生物学的次元に対して、したがって、からだに対して、永遠の成就が否定されないのと同様である。これ以上のことは語り得ない」。

引用が長くなったが、もともと死後の永遠の生命を経験した人はいないわけで、神学者や哲学者が、経験したことのない事柄について思弁するときの見本として引用してみたのである。ここで「からだに対して永遠の成就が否定されない」と言っているのは何のことだろうか。ティリッヒは現実的な超自然的事件としての復活を信じていないと先に書いたし、終末の神の国も私の考えでは超自然である。とにかくティリッヒの言う永遠は哲学的観念なのだ。もっとも私にこの言い方に自信があるわけではない。と言うのは神学者などという人は極めて複雑に考えているもので、われわれが日常の話合いで理解するときのように運ぶと思っていると案外違っていることがあるからである。

もう一つ、ティリッヒは「自我が存在するかどうか」と言っているが、「存続」するとは言っていない。それでは先ほど「生命の無限継続」のところで引用した彼の文章と矛盾する。前と同じ所でもう少し引用する。「身体的存在の永遠の生命に対する参与が新旧の物理的分子の集合のはてしなき継続ではないように、中心をもった自我の参与も、記憶と予想における意識の特殊な流れのはてしなき継続ではない。自意識は、われわれの経験によれば、自意識の過程における意識する主体と意識される客体との時間的変化に依存している。しかし、永遠は時間性を超越し、それと共に、自意識の経験された性格をも超越する。……永遠の生命における自覚的自我は、時間的生におけるそれではない」。

要するにティリッヒは永遠の生命の世界において、自我も自意識も人格的主体も存在すると言っている。そこでは人は互いに愛するとも言われている。と言うより天国に愛があるためには個別的自我がどうしてもなければならないということかもしれない。こういうことを聞いても本当なのかどうか全くわからない。もし私が永遠の世界を強いて想像するとすれば、それはまだ人類が出現する前の地球上の世界がそれに近いような気がする。人間がいないから時間の感覚はない。生物がいるのだから生命の活動があるが、すべては必然の流れであろう。生殖はあるが愛はあるまい。

私の見るところでは、ティリッヒがこういうことを言うのは、欧米社会のキリスト教の伝統に基づく、個人の存続に対する強い執着を否定できなかったし、彼自身もその中に育ってきたのでそう考えるのが自然であったからだろう。

来世の意味

来世信仰が今でもなお生きつづけているのは、それが単なる空想と言い切ってしまえない面をもっているからに違いない。キリスト教が何故二〇〇〇年前の民衆の心を捉えたかは複雑な問題で私に解ける問題ではないのだが、キリスト教がイエスの復活や間近い終末という来世の強いイメージに彩られていたことは、それがローマに叩き潰されたユダヤ人たち、ギリシャ・ローマ世界の下層民衆の心を激しく捉える力を持っていたことを示していると思う。

来世は「来るべき世」である。将来魂が行く所である。天国は私が死んだ後に行くはずの所である。昔亡くなった人が天国にいるはずであるが、地上の人々が天国の人々と交渉があるのは、その人が死んだ直後と、その人と特別に親しかった人が生きている間に限られる。それ以外で来世が問題になるのは自分が死のうとする時である。復活となると、二〇〇〇年間誰も復活していないし、いまだにいつのことかわからない。イエス一人だけが復活したことになっているだけである。終末の神の国、イエスの再臨、最後の審判となると、いずれも世界の終わりのことであって、全くいつのことかわからない遙かに先のことである。

このように来世の観念の最も基本的な特色は未来のことだということにある。いつの時代の人々にとってもそうだったのである。昔の人にとって未来だったのだから、今のわれわれからみると過去のことかというとそうではない。常に未来のことなのである。それはいつも未来を考えていないと承知しない人間の性質によることは確かである。動物も人間と同じく死ぬのだが動物には来世がない。彼らには常に現在があるきりらしい。人間は常に明日のことを考えて生きている。先のことに対して準備して今を生きている。現代は未来の準備のためにあると言ってよい程である。「明日のことまで思い悩むな」（マタイ六34）と言われてもそうはいかない。

動物も高等になるほど複雑な活動をする。そのために体の構造が複雑になる。それを一元的に制御するための神経系統があり、それを中央で支配するためのシステムがある。しかしそれはコンピュータ・コントロールの自動機械のようなもので、人間にあるような意識がないらしい。全くないのかどうかよく分からないが、言語による文化がないと意識が出て来ないような気がする。彼らの世界でも死の恐怖はあるし、悲しみも、仲間の間の同情もあるらしいが、瞬間的ですぐ消えてしまうらしい。それで来世を考えることができないのだろう。来世は死後の世界を想像する人間の能力が作り出したものだと思う。以上を前置きとして以下来世のもつ意味を考えてみよう。

一、死の恐怖の克服

人間はいつ死ぬかわからない。誰でもそういうものだと思って生活している。死は人生にとって最大の問題なのだから、それを克服することは人間の文化にとって最大のテーマである。来世があることで人間は死ななくてすむ可能性を手に入れる。すべての人がそうなりうるわけではないと宗教家は説く。そこには一定の選別のルールがあり、それを知っているのは神の代理人である聖職者だけということになっていて、彼らの気に入るような信仰と道徳的生活がなければ天国には入れない。そこから聖職者の社会に対する支配力が発生する。昔の人は神の代理人の言うことを無条件に信じこんでいたらしいが、現代人の多くはそれを疑っている。疑うについては充分な根拠がある。世界にはいろいろな宗教、信仰があることがよく知られるようになり、それを第三者として比較して考えることが容易になったからである。どれが本当なのだと問うことができるし、どの宗教も自分の所が本物なのだと言うだけで、人々を納得させることが難しくなったのであるから。

『死を超えて生きるもの——霊魂の永遠性について』(ゲイリー・ドーア編、笠原敏雄、上野圭一ほか訳、春秋社)を読んだことがある。執筆者はほとんど英米の心理学者で、超常現象、超心理学、非日常意識の研究者である。私の考えでは超常現象と呼ばれるものは二種類に分けられる。一つは超能力であり、テレパシー、透視、念力などがこれに当たる。もう一つは霊魂が実在するという条件のもとで可能な現象で、心霊現象、過去生の記憶、体外離脱などがこれに当たる。来世は後者に属するが、この本の編者は次のように結論している。「したがって、科学的見地からすると、意識の死後の存続を主張する側と唯物論者との論争は引き分けという結果になりそうだ。言いかえるなら、分別ある人間から見れば、どちら側の主張や証拠もけっして決定的なものとはいえないということである」。この件について私の意見は先に「霊的世界の記憶装置」の節で述べたように否定的である。

編者は最後に主張している。彼はこれを「実験的アプローチ」と呼んでいる。「もし死後存続賛成派と反対派の証拠がどちらも決定的でないとすれば、——したがって信じるべきか否かを、信じた結果あるいは信じなかった結果に基づいて決めなければならないなら、そして、信じることが不可知論や唯物論的世界観をとった場合よりも、人をより強く、勇敢にし、困難や障碍にたいしてより忍耐強くし、敗北感や絶望にとらわれることが少なくなるなら——それは、生きるための、また霊的修行のための作業仮設として死後の生を信じることの立派な根拠になる」。

人間は未来を予想して今を生きるわけで、この説は理論的にはあやふやなのだが、現実的には有効な考え方だと私は思う。

二、死に対する勝利としての復活

前項はすべての人々、すべての宗教について言いうることであるが、キリスト教は復活を「死に対する勝利」と呼ぶ。「死は勝利にのみ込まれた」（コリントⅠ一五54）。「キリストは死を滅ぼし、福音を通して不滅の命を現してくださいました」（テモテⅡ一10）。普通日本人が来世を信ずるとしても、生きることの主体はあくまで現世にあって、来世は附属するもの、つけたりのようにも見える。しかしキリスト教の来世は神のいます所、人が生きる目標であるかのようである。

現代のわれわれの考えでは、人間の死は自然現象である。すべての生物は死ぬ。すべての動物には寿命がある。動物の一種として人間にも死がある。神が起こした自然災害による死がある。神が創造したウイルスや細菌による病死がある。人の身体は簡単に殺すことができる。すべての災厄を脱しえたとしても自然の寿命がある。人間が地上で死ぬことを疑うことは誰にも不可能である。それでもなお、キリストが死を克服したと言えるのは、肉体の死後来世における永遠の生命を信ずる以外にはありえない。死は自然現象であるとすれば、死を否定することは自然現象の否定、反自然、超自然思想に外ならない。キリスト教がそうであることは復活信仰に明瞭に表れている。

バルトは『ローマ書』で言う。「死がわれわれの生の法則たることは、既に最初からきまっている。ただわれわれは次のことだけは言いうる、すなわちもし救いなるものがあるなら、それは死からの救いでなければならない。もし然りなるものがあるなら、それはこの究極的な否を破却する然りでなければならない。もし脱出路なるものがあるなら、それはこの恐ろしい障壁がわれわれを遮っているその地点になければならない。もし神が神であるなら、その神はこの《最後の敵》（コリントI一五・二六）に打ち勝つ敵であり、死の死でなければならない」。

パウロは罪と死とを結びつけた。これにより、罪のゆるしの十字架の贖罪と死の否定の復活とが結びつけられた。社会宗教である旧約の宗教においては罪は、旧約社会を律する規範である律法に対する違反である。死は重罪に対する刑罰である。その社会的、政治的死、刑罰による死から飛躍して「罪が支払う報酬は死です」（ローマ六23）の理論がつくられる。パウロは「刑死」を拡張して死そのもの、自然現象の死とし、罪を個別の違反行為から拡張して「罪そのもの」とした。最も普遍的な自然現象としての死に見合うためには罪もまた最も普遍的ですべての人に適用されうるものでなければならない。すなわち原罪である。人が原罪から脱しうるためには、神イエス・キリストの十字架の死、すべての人に適用可能な贖罪によらなければならない。罪をゆるされた人は死に打ち勝つ。復活はその成就の証しである。以上がパウロが考えついた罪と死の超自然的否定の論証の骨格である。復活思想はイエス、パウロの時代既にユダヤ社会に広く行き渡っていたと言われる。パウロは何らかの体験でイエスの復活、イエスが今も生きていることを実感し、復活が事実であることを信じたのであろう。イエスの復活は復活信仰の初穂である。

パウロのキリスト教を信じるためには、人はどうしても超自然を信じなければならない。バルトもその一人である。

三、神のいます所としての天国

「天におられるわたしたちの父よ」（マタイ六6）。神は天におられる。『組織神学』第三巻でティリッヒは言う。「『天』とか『地獄』とかは究極的意味と無制約的重要性のシンボルである」。「精神の次元における生は、究極性を経験することができるし、また究極的なものの表現および象徴を生産することができる」。これを通俗的に言いかえると、天は神のいます所である、人間の精神は霊であって、霊なる神と交わることができる、霊は神のいます天国に行くことができる、ということになる。

人が死後に行く天国は神がすべてである世界である。人間は「新しい命」（ローマ六4）に生きて、全く正しい生き方ができる。今までの地上での罪の生活は本当のものではなかったことを、来世はまがうことなく示している。

『組織神学』第三巻から再び引用する。「霊的自由の成長は、まず何よりも、律法からの自由における成長である。これは、律法は人間の本質的存在であって、疎外の状態における人間に対立するものであるという、律法の理解から直接出てくるものである。人が霊の衝迫の下で、自己の真の存在と再結合しておればおるほど、それだけ彼は律法の誡命から自由である。この過程は最も困難であって、それに成熟するということは、非常にまれである。再結合が断片的であるという事実は、律法からの自由は常に断片的であるということを含蓄している。われわれが疎外されている限り、禁制と誡命が現われ、不安な良心が生まれる。われわれが再結合されている限り、われわれが本質的にそうであるものを、自由に、誡命なしに、実現する」。

この文章はたまたま目についた所を引用したのだが、ティリッヒは実体としての霊という代わりに「本質的存在」「自己の真の存在」という形而上学の言葉を使う。彼の理論では、人間は本質存在から疎外されたもので、その状態を実存と呼ぶ。実存は罪の状態である。本質的存在において人は律法すなわち社会規範を何の妨げもなく自由に実現できる。「再結合」と言うのは、人間の実存がかつてあったところの本質存在に再び戻るという意味である。本質とはエデンの園における堕罪の前のアダムのことを指すのであろう。

しかし、現代のわれわれの常識では、人間は動物の一種で、さまざまの欲望をもって生まれてくる。生後、家族、社会の中で躾をうけ教育される。それ以来心の中には生得の欲望と生後習得した社会規範との戦いが絶えない。正常な人々は内心のことは別として、外部に表れる行為の面では社会規範に触れることがない。以上の人間解釈については無数の実証的、学問的根拠がある。この立場ではエデンの園の無垢の状態は理想である。

しかしキリスト教の人間理解は逆である。なぜかと言えば、人間を造った、すべての存在の根源である神が完全な善であるから。天国や復活における人間の姿は人間の本質、本来そうであった姿であって、これから到達されるべき目標、理想ではない。

以上を言いかえると価値の顚倒ということである。われわれの目の前の現実世界が無価値となり、真の価値は神のいます来世にある。人間はいくら信仰があっても本当にこの世から出て行きたいとは思っていないので、天国は憧れ、場合によっては逃避する所なのだが、キリスト教の理論では明らかに逆なのである。私の教会の牧師はよく「ゆるされて生きている」と言う。神の特別の恩寵がなければ死んでいるはずという意味だが、われわれの現実の生活は少しも確固としたもの、意味のあるものではないということである。これは仏教の無常の思想に似ている。すべての宗教にそういう所があると思われるが、来世信仰は本質的に現世否定の思想なのである。自分で自分の生を否定するという所に人間の複雑で捉えがたい特質が表れているのであろう。

四、応報説

どの宗教でも神は人間社会に道徳、法律、すなわち社会規範を与える。死後天国に行ける人には、その神の支配を信じることと、規範を犯さないという条件が必ず課される。神の意に叶った人は来世において報いをうける。善因善果、悪因悪果である。もし来世がないとすると、この世でいくら正しい生活をして、人々の役に立ち、人々を愛したとしても死ねばそれでおしまいである。善行によりその人は満足したのだから、それでよいではないかと言うこともできるが、善人が悪人に殺され、いわゆる非業の死をとげたとしても、死ねばおしまいになる。それではどんな悪辣な手段を使って相手を殺しても、殺した方の勝ちである。これでは社会の規範を維持できない。道徳原理を貫徹するには、来世があってそこで報いがあるとしなければならない。人間社会の道徳原理は来世を要請すると言えよう。

五、望みの実現

来世は人間の、とりわけその宗教教団信徒の理想、憧れ、夢が実現される場所でもある。それは将来おこるはずのことであると共に、望まれることでもある。

動物にも欲望があるけれど、動物は未来を想像する能力がない。人間は遙か未来を心に描くことができるので、現在の不満をじっと我慢し、何十年先の実現を期待することができる。現世ではいかにしても不可能なことも来世はその実現を約束する。信仰のために迫害された人には来世での栄光が待っている。「わたしのためにののしられ、迫害され、身に覚えのないことであらゆる悪口を浴びせられるとき、あなたがたは幸いである。喜びなさい。大いに喜びなさい。天には大きな報いがある」（マタイ五11 12）。迫害した悪人には来世で滅びが待っている。信仰者は勝者となる。弱者は現世では強者に支配され、貧者は富者に従属して生きざるを得ない。多くの場合いくら歯ぎしりしても、現世で勝つことは望みがない。来世では強者、富者であることには価値がない。神を信じ正しい生活を耐え忍べば、来世では立場が逆転するであろう。ルカによる福音書一六章「金持ちとラザロ」の話では、弱者であっただけの人にイエスは天国を約束している。

聖書には「望むところを信ずる」という言葉がたびたび出てくる。「現在の苦しみは、将来わたしたちに現されるはずの栄光に比べると、取るに足りないとわたしは思います。被造物は、神の子たちの現れるのを切に待ち望んでいます」（ローマ八18 19）。「わたしたちは、目に見えないものを望んでいるなら、忍耐して待ち望むのです」（ローマ八25）、待ち望んでいるのは「体の贖われること」（ローマ八23）であり、それは来たるべき世で実現されるのである。

旧約には来世思想はもともとなかった。民族の将来に期待をかけたのであるが、中には待ちくたびれた人もいたのだろう。六〇〇年に及ぶ他国への隷属の苦しみがユダヤ人に来世の夢想を描かせたのだと思う。「彼らの目の涙をことごとくぬぐい取ってくださる。もはや死はなく、もはや悲しみも嘆きも労苦もない」（黙示録二一4）。来世信仰は、信徒たちの望みが宇宙的な力によって保証されることである。今自分がそのために戦っている理想は必ず実現されるもので、自分は殺されても神の下で生きる。人々は殉教をいとわない。

六、人の心の実体的解釈

最後になったが、教理的にはこの問題が最も重要である。来世は霊魂のいる場所であるから、霊魂というものが存在しなければ来世はあり得ない。霊魂は人間の心の働きが、身体を離れ、身体の死後も独立して活動する実体だと想定されている。来世の観念はこの考えをもとにイメージしてできたものである。もしこの点が否定されれば来世は存在し得ないのである。先に述べた「霊的世界の記憶装置」の理論は、こういう霊魂の存在の否定であるから、これを正しいとすれば、来世の問題は一切消滅する。

永遠の生命の世界においても自我が存在するというティリッヒの説を紹介したが、自我は人が生まれて成長する間につくり上げられたものであるから、その間の記憶の集積なしでは成り立たない。永遠の生命の世界の人間はやはり記憶をもたなければならないわけである。ティリッヒは超自然的な実体にかえるに哲学的な概念、本質、実存、疎外、永遠などを使って考えているのだが、まだ霊魂説を忘れかねているように見えるのである。霊魂というものがあるかないか検証したくても手段がないが、聖書は完全に実体説に貫かれているのだから神学者としてはやむを得ないことかもしれない。

来世はどうなるか

本章の始めに来世はないだろうと書いた。「霊的世界の記憶装置」で私は霊魂は存在しないことを証明したつもりである。今後脳や心のメカニズムの研究が進んでもこの考え方の方向は変わることはあるまいと私は考える。それでは来世信仰は消えるだろうか。私は消えないだろうと思う。いろんな調査結果をみても、今の若い人も案外霊魂の存在を信じているらしい。たまたま夜のテレビが石原裕次郎の一三回忌に行列した人々を写していた。六〇歳くらいの女性が、裕次郎は死んでいないというようなことを言っていた。これには驚いたが、これがどういう意味にしろ、人々はこのように考えるものらしい。

「来世の意味」として挙げたもの、生物としての人間の永生の欲求、究極なるものを求める人間精神、社会正義の要求、人との関係で抱くさまざまな夢、望み、これらの欲求が消えることがなければ、その充足としての来世のイメージもまた消えないのではなかろうか。人は望むものを信ずるのであり、生涯何かを求めて生きるのであれば、来世は人間的実在として信じ続けられると思われる。ある人が「生きていくための必要条件としての幻想」と言っていた。人はいくら幻想といわれても、何らかの夢なしでは生きられないものらしい。

最近、富岡幸一郎著『使徒的人間―カール・バルト』（講談社）を読んだ。今の日本に四〇歳をこえてからこういう信仰に夢中になる人がいるとはと啞然としたのであるが、もちろん熱心なクリスチャンはイエスの復活を信じているだろう。しかし、イエスが死に勝利した、死を滅したと信じているかどうかはわからないと思う。いくらそう言われても人の死は目の前の事実であるし、二〇〇〇年来復活した人は一人もいない。あとは茫々たる未来のことである。私の言う消極的来世信仰の人はもちろんこういうことは考えてもみないだろう。

「永遠の生命」の節の終わりで、信仰をもっておれば死後のことまで気にしなくていいのではないかという「ある牧師の答え」に賛意を表しておいた。理論的にはこの考えが一番すっきりしていると思う。では私のように復活も天国もなし、それ程の信仰もない者はどうなるか。それに対してはこう答えよう。これまで無数の人々が生きそして死んだ。私の父母も友人も死んだ。私も同じく死ぬだろう。それをとやかく言っても無駄なことだと。人は信仰があってもなくても死ぬ。喜んで死を受け入れても、恐怖に襲われ泣きわめいても死ぬ。信仰がなければ絶望しかないと人は言うが、事実として人は絶望しないものだ。人間は生きている間はなんとか生きることを楽しむものだと。

人間的実在世界

これまでの議論で来世の問題は一応終わったと思う。しかしその中で述べた「霊的世界の記憶装置」の説が正しいとすると、神は人間世界を管理することができない。「神は霊である。だから、神を礼拝する者は、霊と真理をもって礼拝しなければならない」（ヨハネ四24）。神も人も霊である。人間の心のすべてが霊ではあるまいが、人は霊の部分で天国において神と交わるのだろう。昔はすべての記憶は心の中にあると考えられたから、人間の心と同じようなものと想像されていた神も記憶をもち、神は全能であるから無限の記憶をもって人間のする事はすべて承知していると信じられていた。もし神に記憶装置がないとすると、今まで人間に似せて考えられたすべての神の行為が成り立たなくなる。活ける神のすべての行為、すなわち創造、支配、義、愛等、具体的には天地を造り、人間に律法をさずけ、違反者を処罰し、また人間を愛してイエス・キリストを地上に遣わし、等々の行為のすべてが可能であるためには、神が人間や自然についての知識をどこかに貯え、それを使って判断を下すのでなければならない。上記の神の活動はすべて時間の中での出来事であるから、前の行為の記憶がなければ神の仕事は支離滅裂になるであろう。

私の霊的世界の記憶装置の説が正しければ神は記憶装置なしである。それでは聖書に記された神の活動のすべてはなかったことになる。では聖書の記述は何であったのか。その出所は聖書を書いた人間の想像力の産物以外ではありえない。すべては人間の思想の投影である。ではそれは人間の恣意的な空想の産物であろうか。そうではなくそれが人間社会の文化なのである。ある地域に住む人間集団が歴史的に形成した文化である。

神は決して人間に直接何かを話すことはないのだとたびたび書いてきた。神が何かを話すところを私が経験できるわけのものではないのだから、この言明は事実の報告ではなく私の主張なのだが、この主張と、キリスト教は人間がつくり出した文化であるという主張は結果として同じような事を言っていることになるだろう。ただし前者は神が何かを考え、人間に対していろいろ働きかけることは認めている。ただそれが人間にそのまま届くことはないと言っているのである。人間に言葉として届かなければ、旧約で言う「主は言われる」は事実としてはなかったことになるが、神がそれ以外の何らかの方法で人間に働きかけることを否定するわけではない。これに対して、神の記憶装置がないという主張は、神が考えること、人間に働きかけることそのものが不可能だということであるから、より根本的な神の活動の否定になる。

厳密には神が何も話さないと断定はできまい。ある人が心に浮かんできた想念を神の言葉だとすることはありうるし、幻聴として神の声を実際に聞いたと思い込む人もいるだろう。だから個人が主観的に神の言葉を聞いたと思うことは認めねばなるまい。ただそれを第三者が承認することは現代ではほとんどあり得ないだろう。旧約の預言者の時代の人々は人が神の言葉を聞くことがあることを信じていたらしい。しかしそれにしても、後出の「預言と予言」で書いたように、無数にいた預言者のさまざまな預言のうちどれが本物であるかは、それが適中したかどうかで決まったのであるから、当時の人々も、ある人が神の言葉だと主張してもそのまま信じ込みはしなかったことがわかる。もっともまぐれ当たりということもあるのだから、適中すれば神の言葉だと保証されるわけではないけれど。このことについては、以前『旧約と新約の矛盾』(ヨルダン社)の中の「外から訪れるもの」の章で論じたことがある。

では神とは一体何なのか。おそらく神とは、無制約的なるもの、絶対的なるもの、無限なるもの、完全なるものの名であろう。人は自分たちの作り上げた文化に神の名を冠し、社会を統制する権威を付し、集団に生きる意味を与えたのであろう。では神の名もまた人間が想像力で造り出したものであろうか。私はそこまでは考えないことにしたい。

霊的世界の記憶装置という考えが私をここまで導くとは当初予想しなかったのであるが、元はと言えば、人間の心が身体と密接に結びついていて、特に記憶は脳を中心とする身体の物質の保存能力に依存しているという観察である。現代の研究はすべて私の説を支持していると思うがいかがであろうか。

人間社会の文化

以上の問題を別の観点から論じてみよう。個人と自然の間に社会があり、社会は個人に比べるとより長期間不変である。

日本人社会の人々は同じような言葉を話し、よく似た物を食べ、着て、同じような家に住み、よく似た風俗習慣をもっている。学問、芸術、技術、道徳、宗教、政治についても人々の間に互いの了解がある。そういうものを一括して文化と呼ぶ。ある社会に生まれた人は子供のときからその社会の文化を習得する。その人はそれを次の世代の人に伝達する。日本人の文化は欧米人の文化とは違う。風土が違い歴史が違うからである。一例をあげれば、最近新聞紙上を賑わした脳死の問題がある。欧米人は脳死を簡単に人の死と認めるらしい。彼らがどういう考え方に立ってそうするのか、彼らのうちのどれくらいの人がそうなのか知らないが、日本人はなんとなく脳死に釈然としないらしい。その理由を私なりに推測すると、日本人は人間というものをまず生きものと捉えているらしい。生きているのは体であり、血が通って暖い間その人は生きているのであって、脳死は人の死とは感じにくい。欧米人は心が人間だと考えているらしい。心の活動が停止してしまえばもう人間ではない。これは死後霊魂が天国に行き永生するというキリスト教の教理によるものだという説がある。私はありそうなことだと思う。キリスト教の神は霊である。人間も霊を神から与えられている。

「からだの甦り」と言うけれどそのからだも「霊のからだ」なのだ。霊を失った「肉」には意味がない。キリスト教は根本的に反自然なのである。それが脳死を認めやすい理由だと思う。

いろいろな民族や部族、社会があり、それぞれの文化をもっていて、個人が生まれる前からあって急には変わらない。たかだか一〇〇年の寿命しかない個人に比べるとかなり安定した、恒常的なものである。だから個人の立場からみると「実在」と呼んでもよさそうである。実在と言うと、普通われわれは素朴実在論を信じて生活していて、自然だけをそう呼ぶような気がして馴染まないのだが、リアリティと呼べばわかったような気がする。リアリティという英語を実在と訳すか現実と訳すか、片仮名で書くかの違いだが、最近リアリティが多用されるらしい。リアリティと聞くと物ではなく、何か「真実なるもの」という抽象的な響きがある。

われわれの生活時間のレベルから見ると、社会が保有する文化が不変であることは確かであり、実在と呼んでもよいであろう。そうであれば、キリスト教の教える神やイエス・キリスト、天国、終末などは、その信仰をもって生きている人々にとって実在であることは理解できよう。

『基督教学研究』第一八号（京都大学基督教学会発行、発売元㈱大阪キリスト教書店）に、京都大学大学院文学研究科助教授芦名定道氏が「現代キリスト教思想における終末論の可能性」という論文を書いておられる。芦名氏はティリッヒ神学の研究者である。

「③批判的実在論　最後の第三の立場は、以上の二つの立場（客観主義と主観主義）を誤った極論として退ける。神学思想は、単なる客観的実在の記述や模写でも、また単なる主観的構築物（単なる幻想・でっちあげ）でもない。神学思想は、主観の恣意的な操作を超えた仕方で主観に対して顕現した現実（伝統的に啓示と呼ばれる事柄）に基づき、それに対して人間が主体的に参与するところに成立する。この立場に立った現代神学の試みも少なくない。例えば、マクフェーグの隠喩神学は、神学的言語表現の人間の想像力によって構成された隠喩的性格に着目しつつ、一方で、神学的言語表現における人間の想像力の寄与を否定する客観主義的立場を退け、また他方で、神学的言語表現を人間の想像力に完全に還元し一切の実在性を奪う主観主義をも退ける。神学的言語表現は、人間の想像力によって構成されたものである、と同時に、人間にとって生きた現実性を有する人間的実在世界を再記述するものなのである。したがって、想像力によって構成されたものはすべて主観的であり、多くの主観的な諸表象の単なる一つにすぎないというのではなく、むしろどれが実在のより良い再記述であるかが問われねばならない。本論は基本的にこの第三の立場に立つものである」。

ここで言われている「人間的実在世界」と私の言う「文化的実在」とが同じであるかどうかわからない。私はまだマクフェーグの隠喩神学を読んだことがない。同じように見えて肝心なところで少し違うのかもしれない。

今までのキリスト教は芦名氏の言う客観主義をとってきたので、人間的実在という概念はなかなか呑みこみにくいと思われる。そこで別の書物から引用して説明にかえることにしたい。『見えない宗教――現代宗教社会学入門』（トーマス・ルックマン著、赤池憲昭、ヤン・スィンゲドー訳、ヨルダン社）。ルックマンはオーストリア出身、アメリカ、ドイツで社会学を専攻し、宗教社会学で知られた学者である。第五章「個人の宗教意識」から引用する。

「宗教の根源は、人間学上の基本的事実、すなわち、有機体としての人間が生物学的性質を超越するところに存する。……個人はすでにある社会のなかで生まれ、すでに作られている世界観のなかに生まれる。それゆえ、個人が人間としての地位を獲得するのは文字通りの創造的超越行為によってではない。人間性は生物学的性質を超越する実体として、あらかじめ宗教の社会的形態によって個人に用意されている。歴史的個体の意識と良心の個性化は、社会的形態である歴史的宗教の一つによって客観的に決定されている。世界観は一つの社会に生まれる有機体としての人間にとっては、客観的な確固とした社会的事実である。世界観は社会状況の多様性にもかかわらず、その客体性を明証し、また確信する人々を通じて個人に伝達され、社会過程の連続のなかでその不変性を強化する。世界観は客観的な意味体系である」。

引用が長くなった。難しい言葉で語られているが、言いかえてみよう。まず個人が生まれる前に社会の中に、客観的な存在としての世界観、意味体系が用意されている。それを今は宗教と言ってもよい。ルックマンは宗教の重要な機能は世界観を提供することにあると考えているらしいから。その世界観によって、実体としての人間性が個人に与えられる。世界観は確固とした社会的事実である。欧米にはキリスト教の世界観、ギリシャの哲学があり、イスラムの国々にはイスラム教とその神政政治がある。インドにはヒンズー教があり、中国、日本にはまた違った世界観がある。それはその地方の風土と歴史と隣接する文化との接触によって形づくられたものである。これらは大まかな事実であって誰でも認める所である。キリスト教がそういう実在の一つであることも了解されよう。

以上の主張は二つの問題点を抱えている。

一つは、世界にはいろいろな文化があって、キリスト教の神の実在を信じない無数の人がいるということ。そのこと自体は当然のことであるが、信仰者は自己の宗教の絶対性を信じている。異教徒も自分の神の支配下にあり、信じなければ裁かれて死後苦しみにあうと言うのだが、当の異教徒は全くそのことを認めないということ。

もう一つは、同じ文化の伝統の中でも、今まで実在であったものが疑われるようになることがあるということである。例えば奇跡やイエスの復活などの超自然現象が信じられなくなるということである。

この二つの問題はある特定の宗教が人間的実在世界であるということを超えている。

いろいろな宗教がある

第一の問題点はキリスト教としては重大である。キリスト教にはキリスト教の絶対性の主張がある。それはイエスという人が神そのものであるという信仰から来ている。絶対性を放棄することは信仰の根幹を否定することになるから、正統派のキリスト教としてはどうしても譲れないところである。霊的世界が存在しないとする私の理論だとこの問題はすぐ消えるのだが、キリスト教についてこういう説を今までに読んだことがない。

教会のこの問題に対する答えはこうなるだろう。キリスト教の神には遠大な計画があって、もし神がそれを望むならば、世界はすぐにイエス・キリストを信ずるようになるだろう。神の計画は人間にはわからないのだから聖書にあるようにわれわれは日々伝道にはげむだけだと。

しかしこれからの世界の動きを予測すると、キリスト教社会はかつて圧倒的な武力をもって異教世界を制圧し、改宗させて来たのだが、今やそれが不可能な時代に入っている。それでは説得による世界のキリスト教化が可能であるかというと、自然科学が支配的な世界に、二〇〇〇年前の世界観に基づく信仰をそのまま信じこませることは全く見込みがないとせねばならない。今や欧米社会でもキリスト教の「聖なる天蓋」は昔の統制力を失っているのであるから。


この問題をどう解釈するか。

ジョン・ヒックは『宗教的多元主義』（間瀬啓允訳、法蔵館）で、正統派のキリスト教絶対性の主張について天動説と地動説の例をひいて述べている。正統派は天動説であり、世界中の多数の宗教を認めるヒックの立場は地動説というわけである。彼は天動説派は周転円の理論によって整合性を保つことができると言う。「純粋に理論的にいえば、こうした動きは成功させることができる。……しかし問題は論理的な可能性にではなくて、心理的なもっともらしさにある。人間は生まれながらにして率直なものであるから、遅かれ早かれ事実と食い違うような教義の弁護に、知的労力をつぎこんでしまうのは無益なことであり、またおそらくは品位をおとしめることでもあろう、と了解するだろう」。

周転円の問題は理論的には次のように言える。宇宙には絶対的な静止座標なるものはない。太陽を中心とした座標で考えるか地球を中心とした座標で考えるかは相対的である。たとえば、太陽中心とした静止座標で地球などの惑星の運動を記述しておき、それを地球中心の静止座標に変換すればよい。数式が複雑になるだけのことである。だから天動説地動説のいずれが正しいかの絶対的な判定は理論上できない。同様にキリスト教絶対性の主張とヒックの言う多元主義のいずれが正しいとの判定はできない。天体の運行と宗教の正邪はもともと別のことだからこう言い切ることもできないけれど。ヒックは「事実と食い違うような」と言っているが、ここは「人間は実践上簡明な理論を選ぶ」と言うべきだろう。いずれにしても今の問題は天動説地動説のように、どちらの解釈でも相対的なものだから簡単な方を選びなさいというような問題ではない。キリスト教は相対的であること自体を拒否しているのだから、以上の解釈も失敗とせねばならない。

それでは人間の文化の多様性を測る一般的基準、すべての文化がそれだけは普遍的だと認めるような基準がないかというと、それはある。誰も自分の地方の自然を支配している法則と他国のそれとが別々だとは考えない。どこの人も同じ太陽と月を見ていると思っている。一つのコップは誰が見ても同じコップである。物の世界については昔から合意が成立している。

社会学者は次のように言う。『日常世界の構成』（P・L・バーガー、T・ルックマン著、山口節郎訳、新曜社）から引用する。「人間の経験において社会的世界は客観性という性格を帯びてあらわれはするが、だからといって、社会的世界がそれを生み出した人間の活動から独立した存在論的地位を獲得するわけではないということだ。……ここでは創造者である人間と、その創造物である社会的世界との間の関係が弁証法的なものであり、常にそうしたものとしてありつづける、……」「（社会的現実の物象化に関する問題）物象化とは人間的な諸現象をあたかもモノであるかのように理解すること、つまり非人間的な、あるいは、おそらくは超人間的なものとして、理解することである。いいかえれば、物象化とは人間の活動の産物をあたかも人間の産物以外の何物かでもあるように理解すること――たとえば自然的事実、宇宙の法則の結果、あるいは神慮の顕現等々として理解すること――である」。

ここで言う「物象化」はマルクスの造語であるらしいが、言葉の使い方が多少違っている。言っていることは、人間は自分が考え出した神を永遠に不変な実体、十字架の贖罪を全人類に通ずる法則、復活を自然的事実と考えるということである。前述のように物や自然法則は誰でも地域や歴史に関係なく不変なものだと考えている。

以上の説明はわかるような気がするけれど、社会学者というものは本質的に無神論的に考えるものだということを承知しておかねばならない。見えない神が社会を動かしていると考えたのでは、すべて聖職者の言う通りで、社会学が成り立たないのであるから。信仰者は自分の信ずる教えを人間の活動の産物とは考えていないのであるから、ここでも最終的にはスレ違いに終わらざるを得ない。

この問題を私は次のように考える。

人は一人一人別の心をもっていて、他人の心は推測するしかない。一人一人の心は一つの世界であり、その詳細は他者にはわからない。それぞれの心の世界、すなわち外の世界の解釈はみな違う。ある社会に属して生きる人々の間には日常生活での交流があり、その間に共通の世界観が出来上る。それは当然地方によって違う。世界観は世界の見方であり、人々はそれぞれ固有の見方で世界を見る。その結果、確かにお互いに一つの地球表面、人類の住む社会を眺めているのだが、別様の解釈が生じるのも自然である。だから世界にいろいろの宗教があることは当然のことである。私がいる、あの人がいる、いろいろの人がいるということと原理的には同じことである。

このように宗教を人間の考えだとするならば何も問題はおこらない。問題がおこるのは信徒はその神を人間の考えたものではなく、人の心を離れて客観的な、だから他の人にも適用される普遍的な何ものかと信じていることにある。前述したモノのように客観的だと信じていることにある。そのことを社会学者は物象化と呼ぶのだが、信徒はそのことを承知しない。承知することはその神が神でないことを認めるのと同じだからである。というわけでここで壁につき当って先に進まない。

先年、オウム真理教の人々が山の中の土地を取得して核シェルターを建設中という話があった。オウム信者にとっては終末のハルマゲドンは客観的におこるはずの事件なので彼らは客観的に対処しているのだが、われわれには空想と見える。双方の間を渡す橋はない。そういう点では新約の終末も全く同じである。今すぐのことでないので事件にならないだけのことである。

結局、世の中にはいろいろの人がいる、いろいろの考え方があるという事実を認めただけのことになろう。私はかねがね「人間の異なった意見に渡す橋はない」と考えている。どんな人の愛も神の愛もこの橋であることはできない。歴史上のさまざまな宗教戦争がそのことを証明している。

人間の集団が互いに離れている間は何も問題がおこらない。人の移動が激しくなり、異なった文化が入り混って共に生活するようになったとき問題がおこる。キリスト教の教理では未信者は救われない、神から裁かれて滅びるはずである。しかし日常何も問題なく親しく生活している人が滅びるとは考えにくい。そこで新たな解釈の必要性が生ずるわけである。日本では未信者と結婚している人はいくらでもいる。彼らは夫や妻をどう考えているのだろうか。おそらく、何も考えない、曖昧にしておく以外の方法はないであろう。はっきり考えようとすると二つの選択肢がある。一つは教理に閉じこもり、未信者の夫や妻の改宗をひそかに祈る方法である。しかしそれはいつまでも続くものではなかろう。もう一つはJ・ヒックの宗教多元主義のやり方である。これはいろんな宗教に共通する神を構想する方法であるから、キリスト教の絶対性は放棄される。父なる神は残るがイエスは神でなくなる。

世界観は変わる

どの社会の世界観も時代とともに変わる。前節で論じたのが空間的、水平的変化であるとすれば、これは時間的、垂直的変化である。日本では土着の神道の上に中国を経由した仏教、中国の道教、儒教が加わり、最後に一〇〇年くらい前から欧米のさまざまな思想が流入した。今の若者の動きを見ていると、急速にアメリカ化してこれでは日本はどうなるだろうかと心配になるが、テレビや新聞はもともと事実を伝えるとは言えない面があるので本当のことはわからない。

キリスト教も原点はユダヤ思想だがギリシャ哲学と混淆し、ローマ社会に融けこみ、宗教改革では聖書に帰れというスローガンに従っているようで、結局は世俗文明の進歩に場所を譲ったように見える。自然科学に基づく近代の産業社会の発展は教会にとって最大の変革を迫ることになりそうである。「イエス・キリストは、きのうも今日も、また永遠に変わることのない方です」(ヘブル一三8)。建て前上は神は不変である。今まではとにかくにも聖書の記述を修正することなく、解釈と強調点をかえることで凌いできたが、現代の衝撃はそれでおさまりそうにないのである。世界観の根幹である自然観、その上に立つ人間観の変革が、これまではまだ知識人の段階にとどまっているようだが、早晩平信徒の世界に侵入するときが来るであろう。

「人格神と自然科学」の章では自然観の変革の影響を研究したのであるが、社会生活、生きることの意味など、人間的実在世界には触れなかった。これはもともと人と人との関係についてであるから、直接自然科学とは関係がないが、全くないとは言えない。例えば「霊的世界の記憶装置」の議論は脳の構造についての生理学的研究の成果に基づいている。昔は人の心と身体は分離切断できるもので、精神活動は記憶も含めてすべて独立した心の活動だとされていたので、霊魂説が成立し得たが、現代では脳の活動を離れた心というものがほとんど認められなくなっているのである。

自然世界は実在である。人間世界も人間にとっては実在であるが、もしそれが自然世界で真理とされていることと明らかに矛盾する場合は、人間的実在の方が譲るのはやむを得ない。自然世界の方がより普遍的であり、人間はその上で生きているのであるから。先ほど引用したルックマンの『見えない宗教』は、キリスト教が欧米で衰退もしくは変質した理由を考察している。「工業化と都市化の過程が自動的必然的に伝統的教会宗教を掘り崩したことは疑いえない」。工業技術は聖書の教える世界観とは異質である。それはすべて自然科学の法則に従っており、その製品を製造する労働者、技術者、管理者、それに関わるすべての産業社会の人々をその支配の下に置く。そこでは祈りはきかれないし、イエス・キリストは何の力ももっていない。工業技術は世界のどこでも共通である。キリスト教社会が造る物も日本や中国が造るものも全く同一の技術によっている。産業社会ではキリスト教とは全く異質な自律的なルールが支配している。

産業は衣食住という人間生活の必需品を生産し、その上人間の生存を保障するための武器も生産する。そこでおこる技術革新は必然的に人間的実在世界に影響を及ぼす。最近のコンピュータ化された通信技術、パソコン、インターネットは急速に世界を変革すると言われている。それは世界の距離を縮め、異なった文化の接触を早める。その結果人類の文化がどう変わって行くのか私には予想がつかないのであるが、キリスト教としてもそれを無視できない。

以上のようなわけで、キリスト教は早晩変貌を避けられないと私は考えているが、先に富岡幸一郎著『使徒的人間』について若干触れたように、バルト流の信仰ももちろん全く消え去ることはあるまい。私は宗教そのものは消滅することはないと思っている。前章の「来世の意味」で述べたさまざまな人間的欲求はいずれも人間にとって根源的なものであって、社会がいかに技術的に進歩しても、変わることはあり得ない。

人が必ず死ぬこと。個人の出生から死に到るまでの不可抗的な運命、なぜある人が富と能力と健康に恵まれ、なぜある人が戦争に捲きこまれて悲惨な死を遂げるかは、いかにしても解けない謎である。男女の出会い、社会正義、民族の盛衰等々。この複雑極まりない世界を動かす筋道をなんとか理解し、確固たる予測の下で生きたいと人は願うものらしい。この難問に解答を与えると約束する宗教とその来世信仰がなくなることはないであろう。

神義論について

佐藤敏夫著『キリスト教神学概論』によると神義論とは、「全能にして慈愛の神が何故悪に満ちた世界を創造したかという問題である」。またM・ウェーバーは次のように言っているという。「全能であると同時に慈悲深いと考えられる力が、どうしてこのような不当な苦難、罰せられざる不正、救いようのない愚鈍に満ちた不合理なこの世を創造したのか。この問題こそ神義論の最も古い問題である」。

ここで悪とは、罪、死、苦難、この世の不合理などを含む。罪は悪のうちの一つである。悪には善悪と言うときの、善の反対という意味と、生の毀損すなわち幸福の反対という意味、正義の反対などいろいろな意味がある。キリスト教ではもっぱら罪を問題にする。それはイエス・キリストの十字架の贖罪があるからであろう。罪以外の悪には十字架は役に立たないわけで、それでは教会は都合が悪いので、できればすべての悪を罪に還元しようとする。パウロの「罪が支払う報酬は死です」と原罪説は死という悪を罪に還元しようとする試みである。罪以外の悪をまとめて苦難と呼んでもよいと思う。われわれの生活の感覚では罪よりも苦難の方が問題であろう。私は『体制宗教としてのキリスト教』（社会評論社）の中の「苦難と罪」の章で論じた。

悪は人間世界の悪と自然界の悪とに大きく分けられると思う。人間界の悪は罪に還元しやすい。従来、人間が神から与えられた自由を乱用して罪を犯したという、人間に責任を帰する議論がなされて一応はそれで説明がすんだことになっている。自然界の悪、すなわち自然災害や微生物による病気、自然死、事故死などは、神が世界を創造して支配するという信仰では、その責任を人間に帰することは不可能である。パウロの死を罪に還元する説を納得する人は現代ではよほど特殊な人に限られると思う。

神の無力

この神義論の矛盾をいかに回避するかということを「人格神と自然科学」の章の中で論じた。そのための第一の案は、神の無力という解釈である。言葉の表面から受け取られるよりはかなり複雑な考え方だろうと思うが、正統派としてはやはり受け入れ難いと思われる。キリスト教ではイエスの十字架を神のへりくだり、無力と表現することがあるが、これは神が人間を救うために一時期そういう形をとったということであって神が支配力を喪失するということではない。第二案は義の実現を将来に延ばすことである。キリスト教では最後の審判がそれである。第三は来世信仰である。最後の審判は来世で行われるので、すべての人々が裁かれるとすればそれまで魂として存続していなければならないわけで第二案と同じになる。ただしユダヤ教では最後に神がユダヤ人を救うと信じられているらしいが、それがキリスト教の来世や最後の審判と同じかどうか私は知らない。

人間世界の罪や苦難にしろ自然災害などによるにしろ、もし来世がないとすると神の義は地上では充分には実現されないことを認めざるを得ないので、結局第一の神の無力という解釈に帰することになる。私は来世信仰抜きではキリスト教は成立し得ないと考えているが、来世信仰に多少の余地を残すとしても、地上の生に限定して考えれば神の義が実現されないことは認めざるを得ない。

創造神信仰の矛盾

神義論の矛盾は神観の中に既にあるものと私は考える。神の働きには創造、支配と義、善、愛などの法的、道徳的働きがあり、神が全能だというのは、これらの働きそれぞれについて全能だということであろう。法的、道徳的な行為は人間社会に特有なものであって自然界には全くない。無機物の運動にも生物、動物の活動にも法や道徳はない。ところがこの二面が神の中に一つに結合されていて、神は人間のために自然の活動を操作すると信じられている。

私は『旧約と新約の矛盾』(ヨルダン社)の「キリスト教の自然観」の章で神学者の言葉を引用した。「全存在界の基本性格は、創造者と被造者との応答責任存在として倫理的であるといってよい。

自然界の根底に倫理の世界があるのである」。「ひろくいわゆる自然主義の立場は、人間を自然界の一部と考える。聖書はこれと異なることは明瞭である」。確かに聖書にはこのように書かれている。これが信じられている間は神義論の矛盾はないはずである。しかし現実と、現代の知的理解はこれを否定する。神は自然を自然法則に従って動かすことしかできない。人間の法や道徳に配慮して操作することができない。人間の身体は自然の一部であるから身体についても直接操作することができない。神は義や善という規範を人間に授け、その実行を命じながら、自然の運行や人間社会が義なる人に苦難を及ぼしても全く介入できないのである。神は全能であるにもかかわらず自らの責任を果たすことができない。

この矛盾を解くために教会は来世を想定するわけだが、もし来世があてにできないとすると、解決方法は神の創造の働きと義とを切り離す以外の考え方はない。キリスト教は本来社会宗教であるから義なる神を否定することはできないので、結局創造神を否定することになろう。

旧約で創世記が書かれたのは紀元前五世紀頃だと言われている。それ以前には創造神信仰はまだなかったのである。神ヤーウェはユダヤ人社会の支配者、君主に代わる存在であるから人民の衣食住に配慮し、万軍の主として安全を保障し、律法を与える。その活動の中で自然の運行を操作して奇跡をおこしたと信じられてはいるが、創造神ではないから自然の運行のすべてを支配しているわけではない。人民たちもどこかから現れてヤーウェの支配の下に入って来たのであって、彼が創造した被造物ではない。従ってその中に悪人がいても彼の責任ではない。ヤーウェは傭われ社長と同じく管理を依託されているにすぎない。契約の期間中だけの責任である。

ヤーウェ信仰が強化され、彼の守備範囲が拡がり、遂に創造神となった。キリスト教時代になると理論的に整備され、神は全能全知で無から万物を創造したものと見なされる。あらゆることができるということはその裏返しとしてあらゆることに責任を持たされることになる。しかし神は現実的に奇跡をおこすことができないことが周知となると、旧来の社会的支配者、君主だけの神と全能の創造神との矛盾が露呈してくる。それが神義論なのである。

神の直接的自然支配がなければ

そこで次の問題は、神の働きから創造神の部分を排除したと仮定するとどうなるかということである。と言うのは自然の運行を神の直接支配から排除することは身体の活動をも排除することを意味するからである。神は人間の身体を事故や迫害から守ることはできないし、病気を直すこともできない。神がタッチできるのは人の心だけである。神が自然や人間を動かしたいと望むときはある人間にそれを命ずる以外の方法はない。神が罪人を裁くときも同じである。

人間の心と身体は一体であり、社会生活は他人との関係だが、身体のない他人はいない。身体をとびこえて他人と接触する手段はない。そのとき神が命ずる法や道徳がどうなるのか今の私には全く想像がつかない。

身体は自然の一部として動物に極めて近い存在である。その活動のメカニズムは全く動物と同じである。人間は猿と同じメカニズムの身体の上に、進化して恐ろしく複雑化したコンピュータが乗っているようなものである。身体が自然の一部だということは、身体から発生してくる感情、欲望、衝動などはすべて神の統制外だということになる。食欲、性欲、闘争欲など生きるためのさまざまな本能はすべて身体に属し、神の統制外である。霊なる神が同じく霊なる人間の心に直接働きかけるわけだが、身体から自然に発生してくるものをどのようにコントロールできるのであろうか。

私の考えも今の所ここまでである。このあとおいおいに考えよう。アルバート・シュヴァイツァーは『キリスト教と世界宗教』（岩波文庫）の中で言っている。「われわれはしかし生気ある倫理的宗教が世界認識の論理的結果であり得るというような幻想を放棄してしまった。われわれに確かなことは、倫理的人格である神についてのわれわれの知識をわれわれは世界からは獲ることができないということである」。「世界の本質についての論理的思惟は倫理的なものに達することはできない」。これを読むとシュヴァイツァーは創造神信仰を棄てているように見える。

神の義と神の義の戦い

神義論のもう一つの問題点は神の義とは何かがはっきりしないことである。それぞれの人が自分の正しいと信ずることに神の名を冠するので、世の中には矛盾する多くの神の義があることになり、神の義と神の義の間に戦いがおこる。

新約の中に既にさまざまな異なる思想が含まれていることが、最近の聖書学でますます明らかになってきていると言う。パウロは自分と違う神学に罵声をあびせている。「あの犬どもに注意しなさい」（フィリピ三2）。教会成立の初期に異端との激しい闘争があったことは周知のことであるし、宗教改革のあとカトリック側と長い内戦の期間があった。このようにいろいろのキリスト教があるようでは、どの信仰も少しは誤っていることを告白しているようなものであるからと言うので、キリスト教界を統一しようというエキュメニカル運動が進められているが一向に進展しないのが実状であろう。

これらはすべて人間社会内の義の問題である。何が義であるかを決める方法がないので互いに他の義を非難し、力のある者は武力で圧迫しようとする。ある人が義と呼ぶものを他の人は悪と呼ぶとしたら、神義論そのものが成り立たない。このことはすべて、神が目に見えず、神が本当は何を求めているか誰にもわからないということに起因する。恐らくこのことはキリスト教信仰の根幹に横たわっていて、解決不可能な難問である。

預言と予言

キリスト教は、イエス・キリストの出現は旧約の預言の成就だと考える。この預言の成就ということは旧約を貫く思想のパターンである。

預言と予言は同じ音なので、普通われわれは同じ意味だと考えやすい。預言は聖書の言葉だから神の意志を伝えるものであることはわかるが、それにしても神が何らか未来のことを予言するものだと思っている。イエス・キリストの出現の預言はこの意味である。

岩波国語辞典には「よげん」の説明として、「①（予言・預言）未来を予測して言うこと。その言葉。②（預言）キリスト教で、神の霊感をうけて、神託として述べること。その神託。」とある。これでみると「預言」という言葉の使い方に二通りあって、普通の予言とキリスト教で使う、預言者の預言とあることがわかる。神託ということは必ずしも未来の予測を述べているとは限らない。

「新共同訳聖書」の解説によると、預言とは、神の霊感を受けた人（預言者）が語る言葉。本来の意味は、神（あるいは他の人間）のために代わって語ること。神の意志によって起こる出来事、神の裁きと救いについての告知である。新約では、主として旧約の預言者が語ったメシアの到来に関する言葉を指す。初代教会の場合には、聖霊に感じて語る言葉の意味である。

この説だと必ずしも未来のことを予言するとは限らない。神の霊感を受けた人、神に代わって語った人はモーセを始めとして、いわゆる預言者以前でも、ユダヤ民族のリーダーたちは皆そうである。旧約には「主は言われる」またはこれに類する表現が無数に出て来る。またときには、ヤーウェは何も言わずに直接手を下す場合もある。「途中、ある所に泊まったとき、主はモーセと出合い、彼を殺そうとされた」（出エジプト記四24）。「イスラエルの部隊に先立って進んでいた神の御使いは……」（出エジプト記一四19）。神が黙ってなさることや天使の動きを人間がどういう方法で知ることができたのか分からないが。「主はモーセに仰せになった」（レビ記四1）。これは律法の告知であるが、広い意味で「神の意志によって起こる出来事」の中に入るだろう。しかし、「裁きと救い」と言えば、まず律法の告知があって後のことだから、今すぐのことではない。その意味で予言の意味をも含んでいる。以下に予言の意味をもつ預言について研究しよう。

神の約束

聖書の預言とわれわれ人間の予言とは全く違う。われわれはほんの目先の、また手近かのこと以外世界を動かす力はほとんどないのであるから、予言する場合には、世界それ自身が動き変化するときの法則を見出して、それに立って予測する。しかし旧約で言う場合は、神は全能であるから、世界を自分の思い通りに動かすことによって預言を実現させるのである。

必要あれば河の流れ、海の流れをせきとめ、太陽の運行もとめることができる。神の意志は必ず実現するはずである。自然であろうと人間社会のことであろうと、必ず、何らかの方法で介入して思う通りにする。神がどこで、どういう方法で自然法則に介入するのか、人間の心に介入するのか、その細部は誰も知らないが、とにかく神がこうすると言われたら必ずそうなると旧約は記している。神は全能である。そこの所が人間のする予言とは原理的に違っている。

「神は約束に従って、このダビデの子孫からイスラエルに救い主イエスを送ってくださったのです」(行伝一三23)。「そして永遠の命を得るように定められている人は皆信仰に入った」(行伝一三48)。「その子供たちがまだ生まれもせず、善いことも悪いこともしていないのに『兄は弟に仕えるであろう』とリベカに告げられました」(ローマ九11 12)。「神がアブラハムになさった約束の実現する時が近づくにつれ……」(行伝七17)。このように預言とはすなわち約束である。

聖書は人間が人間に何かを約束して、それを実行するのと同じように考えている。しかし人間の約束はあてにならない。織田信長はその全盛時代には自らを神と考えていたらしいと、テレビの大河ドラマは語っていた。信長の約束は必ず実現される。しかしわれわれにはその力はない。来週新宿で会いましょう。これならできる。しかし何があるかも分からないので一〇〇パーセント確実ではない。神は全能であるから約束は一〇〇パーセント確実に実現されるというのがキリスト教の考えである。

しかし神も心変わりすることがないだろうか。神は自らの約束に拘束されるものかどうかについては私には分からないが、旧約をみると、神はときどき裁くのをやめて憐れんだりしている。もし全能ということを、神は全く自由であって、自らの約束にも拘束されないと解釈するとすれば、この説は神の全能を強調するには都合がよいが、約束の方は全くあてにならないことになり、約束は約束でなくなるであろう。こういう点の、神の行動についての旧約のイメージは、私の見るところでは、当時の専制君主のイメージと同じようである。織田信長は突然気が変わることがないとは言えない。パウロは、「人よ、神に口答えするとは、あなたは何者か。造られた物が造った者に、『どうしてわたしをこのように造ったのか』と言えるでしょうか。焼き物師は同じ粘土から、一つを貴いことに用いる器に、一つを貴くないことに用いる器に造る権限があるではないか」(ローマ九20 21)と神の選びを弁護しているが、心変わりについても同じ論理が使えそうである。

神の約束、預言は必ず実現されたであろうか。預言者の預言が外れることはときどきあったらしい。一例として、エゼキエル書二九章六節に「エジプトのすべての住民は、わたしが主であることを知るようになる」とある。エジプト王ファラオへの預言である。しかしイスラエルがエジプトを占領したとは聞かないから、この預言は言いっ放しだったのだろう。

しかし教会の正統的教えはやはり預言の実現にある。「信仰によって、アブラハムは、自分が財産として受け継ぐことになる土地に出て行くように召し出されると、これに服従し、行き先も知らずに出発したのです」（ヘブル一一8）。「信仰によって、不妊の女サラ自身も、年齢が盛りを過ぎていたのに子をもうける力を得ました。約束をなさった方は真実な方であると、信じていたからです」（ヘブル一一11）。「主はモーセに言われた。『なぜ、わたしに向かって叫ぶのか。イスラエルの人々に命じて出発させなさい。』」（出エジプト記一四15）。その結果、「モーセが手を海に向かって差し伸べると、主は夜もすがら激しい東風をもって海を押し返されたので、海は乾いた地に変わり、水は分かれた」（出エジプト一四21）。だから皆さんも見えないものを信じて進むべきであると教会は教える。

考えてみると、イエスが神であるとすれば、天地の始まる前から存在しているはずであるから、イエス・キリストは旧約の時代も神としてあり、旧約の歴史を指導していることになる。イエス信仰、すなわちイエスは神であるという信仰は必然的に、旧約もキリスト教の一部であるという教理、旧約はその預言によって人々を新約に導くという旧約の解釈に繋がるのである。裏を返せば、旧約と新約は別の思想だという主張は、イエスが神であるという信仰の否定に繋がるかもしれない。

預言は当たらない

ひるがえって、預言は当たらないものである。われわれの時代の予測も当たらないのであるが、神託も当たらない。

先に述べたように、神の言葉が必ず実現されることは間違いないとしても、預言は、神の言葉そのものではなく、それを聞いたと称する人間の言葉である。そこに神託が当たらない根本的な理由がある。実はその人が本当に神の言葉を聞いたのかどうかは誰にもわからないし、そもそも神が人間に何かをハッキリと告げるものかどうかもよくは分からないのである。

一九九二年の八月二一日の朝日新聞は、同年の一〇月二八日の夜一二時に世界は終末を迎え、イエスによって選ばれた人だけが永遠の世に運ばれる、と唱える韓国の宗教団体の信者が、学校や会社を辞め、家出や離婚をして祈禱の集団生活に入ったり、全財産を教会に寄付するケースが相次いでいる、と報じている。結局この信仰を唱えた牧師は詐欺罪、外貨管理法違反の疑いで逮捕されたと報じられた。終末が来ると言いながら、牧師本人はそのお金を外国の銀行にでも預金したのであろうか。エホバの証人も一九一四年に終末が来ると預言したが、あとでイエスは地上ではなく天的王国に来られたと言い換えたと言われる。

これに対して正統派の人は、「その日、その時は、だれも知らない。天使たちも子も知らない。ただ、父だけがご存じである」（マタイ二四36）と書かれているのだから、日時を明言することが異端なのだと言うだろう。しかしイエスは一方で「あなたがたがイスラエルの町を回り終わらないうちに、人の子は来る」（マタイ一〇23）と言っており、パウロも「あなたがたが眠りから覚めるべき時が既に来ています」（ローマ一三11）、「兄弟たち、わたしはこう言いたい。定められた時は迫っています。」（コリント1七29）といっており、いずれ近いうちに終末が来ると思っていた。考えてみればそれから二〇〇〇年たっているのだから、新約の預言は全く外れているのだ。

旧約ではあれほどたびたび神はモーセや預言者の口を通して語り、その通りに実現しているのに、何故に現代では預言が当たらないのか。当たらないよりも前に預言が全くなくなってしまっているのか。これに対する私の答えは、預言が当たらないことは昔も今も同じだったのではなかろうかということである。昔は、聖書に名が残っている外にたくさんの預言者がいて、それぞれ異なった預言をしていたのだ。その人たちすべてが霊感を受けたと主張したのだ。そして結果が出たとき、当たらなかった人は偽預言者として忘れ去られたのだろう。預言が真正であるか否かの判定の基準は当たったかどうかである。これ以外の基準はあり得ない。「あなたは心の中で、『どうして我々は、その言葉が主の語られた言葉ではないということを知りうるだろうか』と言うであろう。その預言者が主の御名によって語っても、そのことが起こらず、実現しなければ、それは主が語られたものではない。預言者が勝手に語ったのであるから、恐れることはない」（申命記一八21 22）。

エレミヤ書二八章にはエレミヤと預言者ハナンヤとの対決のことが書かれている。エレミヤは「その言葉が成就するとき初めて、まことの主が遣わされた預言者であることがわかる」（二八9）と言っている。ハナンヤはエリヤの預言のようにその年のうちに死んだと書かれている。預言者は当時たくさんいたらしい。「オバドヤは心から主を畏れ敬う人で、イゼベルが主の預言者を切り殺したとき、百人の預言者を救い出し」（列王記上一八3 4）。「エリヤは更に民に向かって言った。『わたしはただ一人、主の預言者として残った。バアルの預言者は四百五十人もいる」（列王記上一八22）。エリヤはバアルの預言者と超能力の試合をして勝ったと記されている。数人の預言者が違う預言をしたとしたら、そのうちの一人しか正しくはあり得ない。皆間違っていることだってありうる。それも結果がすぐ出るような種類の託宣の場合はよいが、たとえば終末が来るという預言のように二〇〇〇年ひきのばされてもまだ先があると考えられるような場合は、永久に本当かどうかが決まらない。聖霊が下ったという場合も同様で、本当に聖霊が下ったのか、その人が勝手にそう思いこんでいるのかを決めることは不可能な場合が多い。というより厳密には不可能であろう。

実際、聖書の中にもこういう話が書かれている。「主は、『イスラエルとユダの人々を数えよ』とダビデを誘われた」(サムエル記下二四1)。ところが調査がすんだ後でダビデはそのことを後悔して「わたしは重い罪を犯しました」(二四10)と言う。不思議なことに神はダビデを処罰する。この同じ事件が歴代誌上に記されていて、今度は「サタンがイスラエルに対して立ち、イスラエルの人口を数えるようにダビデを誘った」(歴代誌上二一1)と変わっている。結果は「神はこのことを悪と見なされ、イスラエルを撃たれた」(二〇7)。神がサタンに変身している。要するに神とサタンの区別がつき難いということの例証であろう。

事後預言

面白いことに、成就された預言のみが真正の主の言葉であるという判定基準は、論理的に、すべての預言は成就するという命題を導き出す。なぜならば、成就しなかったものは預言ではないのだから。

預言が現実になったとき始めてその預言が神の言葉であったかどうかが判明する。すなわちそれが、〝預言〟であったかどうかが決定される。従ってある預言者の発言が〝預言〟と認められるのは事件が完了したときになる。〝預言〟を記す記者は事件の完了以後の時点に立っている。かくして記された預言はすべて主の言葉であり、また事実を示すものとなる。このことを事後預言と呼ぶ。

生ける神ヤーウェが中空にいて、王が民を支配するようにユダヤ民族を支配し指導すると旧約では考えられている。王は法律を制定し、違反者を処罰し、軍隊を指揮し戦いをおこす。万軍の主も同様であると考えられている。違うところは、ヤーウェは神であるから将来を予測し、奇跡をおこすことができる。ユダヤ民族の歴史上の重大事件は必ず〝主は言われる〟から始まるべきである。また必らず主の導きによるべきものである。とりわけ民族にとって喜ばしい事件はそうであろう。こういう考え方は、事件が終わってからあと遡っての解釈でもある。これも一種の事後預言であろう。台風の来るのも知らずに元冦の船は沈没したのだが、神風というのはすんだ後からの解釈である。信者は入信した喜びの中で神の導きを感ずるものである。

この考え方をイエス・キリストの出現に適用すれば、旧約の預言は事後預言ということになる。歴史上の事実として、旧約の人々がイエスの出現を予知することはありえない。預言の成就というユダヤ人の考え方が、遡って旧約の中に相応する箇所を発見させたということになる。

聖書学者は預言は当たらないものという常識に立って研究する。出エジプト記から預言書まですべての文書にある〝主は言われる〟を全く無視して考える。そうすると、預言のうち当たっている部分は預言者が知っていたことであり、当たらない部分は預言者が知らなかったことだという結論になる。従って預言者は当たっている事件と当たらない事件の境い目の所に生きていたことになる。

教会は神の言葉を信じているから、全能なる神の言葉が実現するのは当然だと思う。聖書学者とは全く別の立場に立っているからどうしても折合わない。聖書学者は常識に立っているので、神学者のようなことを言ったら学問にならないと主張するだろう。神の言葉は真理であるから、ある聖書の言葉を神の言葉と受け取ることは、それについての議論はもうありませんという意味になる。あとは実行することが残るだけである。

イエスの出現についての旧約の預言についても同様であって、これはキリスト教が成立したあとで過去をふり返って、旧約の中に自分に都合のよい部分を拾い出したということになる。

『黙示録の世界 佐竹明聖書講義』(佐竹明著、新地書房)に次のようにある。「(ダニエル書について) これは、一一章三九節までは、すでに事柄が起こったあとから預言をしている。これは事後預言とよぶのですが、事柄が起こったあとから預言の形で書いているにすぎないのですね。それに対して、四〇節から先のところは本当の預言なのです。本当の預言になると当たっていない。事後預言のところは今まで起こっていることを預言の形で書いているのですから、これは、違う方がおかしいのです。そうすると、このことからこの部分の書かれた時期も分かります。著者はおよそ紀元前一六五年のところにいます」。

マタイによる福音書二四章に神殿の崩壊の予告がある。「イエスは言われた。『これらすべての物を見ないのか。はっきり言っておく。一つの石もここで崩されずに他の石の上に残ることはない。』」(二四2)。マルコ一三1 2及びルカ二一5 6に平行記事がある。聖書学者はここの所を、記者は七〇年の第一次ユダヤ戦争によるエルサレム陥落を知っていたのだと解釈する。従ってこれらの福音書の書かれたのはそれ以後のことと推定される。

予言について

予言について一言しておかなければならない。預言は予言の一種であるのだから。何故に聖書は預言にこだわるのか。それはどこから出て来たのか、それは人間の考え方一般の中でどういう位置を占めるのか研究をしたいのであるが、今のところ手が届かない。そこで気付いたことを二、三述べておく。

未来について考えるいろんなやり方がある。想像、予想、予知、予定、予言、希望、賭けなど。現時点において未来に起こるはずのことを知ることを予知という。本当に知ることはできないのだから、知っていると思いこむことではあるけれども。冒頭に述べたように、人間の予知は、自分が支配できない外界が動くときの法則を知ることによって行われる。明日はまた日が昇るであろう。夏になれば暑くなるだろう。子供は大きくなって大学に行くだろう。彼は彼女と結婚するだろう。あの人の新事業は成功するだろう。戦争が始まったら戦死するかもしれない。いろんなことがある。自然の動きには法則があって、日は必ず昇る、夏は必ず暑くなる。日は必ず昇るかもしれないが、氷河期というものがくれば、夏は暑くなるとはかぎらないかもしれない。私の子供の大学進学や、彼と彼女の結婚はもっと怪しい。これは自然法則ではない。しかし世の中はいつもそのように動いてゆくので、かなり確かである。事業の成功はもっとあやふやだし、戦争となると起こらないかもしれない。自然法則に比べるとだんだん確率が低くなり、予測というより希望、想像に近くなる。自動車事故で急死したり、癌にかかって一、二年のうちに死ぬということになると全く予測がつかない。こういうとき、人はそれが発生したあとで運命という言い方をする。

自然現象は人間がどうしようもないので、この場合の実現には人間は関与しない。予測するだけになる。しかし最近は人間の技術が進んできて、そうとも言えない。人間的事象には私の努力が関わる。私がうまくやれば実現するかもしれないし、努力しなければ駄目かもしれない。しかし私の力の及ばない条件がたくさんあって、努力しても駄目なときもある。複雑な社会現象となるともう予測は不可能である。実際、数年先の株の上り下りをハッキリ予測できる人は働く必要がないだろう。

企業にしても政府にしても、すべての始まりは計画である。将来の予測がなければ何も始まらない。ところが、膨大な人員を擁して予測しても先のことは分からない。バブルがはじけて、大銀行が不良債権を抱えて困っていると新聞は報じている。いわんや、敗戦後五〇年たった今の日本の繁栄は誰にも分からなかっただろう。第二次大戦、ソ連の崩壊、湾岸戦争などすべてそうである。社会現象の予測は当たらないものである。旧約を読んでも、バビロン捕囚前後のイスラエルの将来についての預言は、ヤーウェがもう見捨てたのだと言ってみたり、近いうちに復興されると言ってみたり、預言というよりも希望的観測であろう。

易者は将来を予測した上で、その予測された不運、不幸を回避する手段を教える。もちろん、見てもらう人はそのことを望んでいる。政府や企業の予測も同様である。人間が自らの予測に立って行動を変更するというこのメカニズムの抱えている論理的な矛盾について、ある書物に次のようにあった。「もし未来の『事実』をまざまざと予見する超能力者がいるとして、かれは未来の事実Xにかんするみずからの予見に基づいて、未来を変更する、またはさせることができるか。もしできるとすれば、未来の事実は生起しない。つまり事実とはならない。その場合彼の予見した事実Xとは何なのか。いかなる意味で『事実』と言われたのか。少なくともXが事実であったことは、決して『証明』されはしない」。「しかしもし未来も決定ずみというモデルを考えると、それは『神』の立場以外にはない。そしてもしこのいみで『神』の立場を認めるならば、それは『人』の立場とは絶対に異なる訳で、人間主導で変更できる未来ではない。未来を見た予言者は、自分の運命を含めて未来を変えることができないのみでなく、見たことを伝える言葉をもたない、というカッサンドラ以来の『予言者』像は、どこかこの間の消息を示唆しているかもしれない」。

予言が当たるということ

予言が当たるという主張はどこに根拠があるのか。有名なノストラダムスの大予言というのも詩で書かれていて、極めて漠然とした表現で、どうとでもとれる。易も同じである。そこに示された大まかな原則をどう解釈するか、解釈する人のその場の判断によるところが大きいものらしい。歴史の流れの中で、あるときに災厄が来るかもしれないということは極めて一般的なことである。人の一生もすべて幸運というわけにはゆかず、苦難に見舞われることもある。その中にちょうど身を置いた人は、予言が当たったと思う。新約で、イエスの来臨は旧約の成就だと主張する場合も、まず預言の成就という思想があって、イエスがメシアであれば必ず預言がなければならないわけだから、膨大な旧約文書の中に適当な箇所を探すことになる。当の預言を書いた人が何を思って書いたかはもう誰にも分からなくなっていて、言葉だけが残っているのだから、後代の人がそれをどう解釈しようが自由というわけである。

一例をあげれば、第二イザヤ（イザヤ書四〇—五五章）の中のいわゆる「苦難の僕」の歌（イザヤ書五二13—五三12など）について、『旧約聖書の中心』（木田献一著、新教出版社）には次のように書かれている。従来のキリスト教の伝統においては、この「苦難の僕」がイエス・キリストを預言するものと解されて来たものである。「このように見るならば、第二イザヤの苦難の僕をエズラ記にその名を記されている帰還の民の指導者セシバザルであったと推定することは、最も自然な解釈であると言うことができるであろう」。著者はここで苦難の僕の歌は歴史上のある人物の描写であり、後代の人々がそれをイエス・キリストの預言だと解釈したのだと主張している。木田氏は日本旧約学会会長である。このあとのところで著者は「このような『苦難の僕』の歴史的、現実的把握は、伝統的、キリスト教的解釈と根本から矛盾するものかどうかということについてである。われわれはそれが必ずしも、『苦難の僕』のキリスト教的理解と矛盾するものとは考えない」と断り書きを記している。神であるイエス・キリストが第二イザヤに命じて、自らの出現を預言させたなどと主張すれば、聖書学者を辞めなければならないだろう。結局信仰の方が、歴史的、現実的聖書学に道を譲って、昔よりも狭いところに立場を見出す以外に生きる道はないということである。

占星術

占星術について述べておこう。キリスト教は占星術を禁じているが、ヨーロッパ社会のキリスト教はついに占いを禁圧することができなかった。将来の予測ということは人間の非常に強い欲求であって、それが旧約では預言という形をとったが、キリスト教の教えはその欲求を完全に満たしえなかったと言えるかもしれない。

申命記一八章に、「あなたが、あなたの神、主の与えられる土地に入ったならば、その国々のいとうべき習慣を見習ってはならない。あなたの間に、自分の息子、娘に火の中を通らせる者、占い師、卜者、易者、呪術師、呪文を唱える者、口寄せ、霊媒、死者に伺いを立てる者などがいてはならない。これらのことを行う者をすべて、主はいとわれる」（一八9―12）。「その預言者や夢占いをする者は処刑されねばならない」（一三6）。「口寄せや霊媒を訪れて、これを求めて淫行を行う者があれば、わたしはその者にわたしの顔を向け、彼を民の中から断つ」（レビ記二〇6）。

カルヴァンに「占星術への警告」（『カルヴァン小論集』波木居斎二編訳、岩波文庫）という文章がある。欧米での占星術はバビロンに始まるもので、その中には天文学に相当する部分と占いに属する部分とがあって、カルヴァンは前者を認めている。「この世に見られる出来事の起源を天上の被造物に求められることに私は反対しない」と言って、合理的と思える部分を認めている。しかし、「すべての占いは驚くべきまた憎むべき瀆聖行為であると我々は結論する」。だが一六世紀のキリスト教社会でも星占いは盛んだったらしい。カルヴァンが占星術を否定する理由は、それが非合理的であるということと、人間がこうむる災難は、神がわれわれの罪を罰することによって起こるのであって、星にその原因を求めるのは正しいことではない、ということである。占星術は神の超自然的な審判を否定することである。「我々を脅かすすべての害悪は自然の運行から生じるとすれば、我々の罪はすべての害悪の原因ではないという幻想をどうしても我々は持たざるをえない」。要するに占星術を信ずることは、神の支配とは別の原理を認めることになるわけである。

しかし現代のわれわれは、たといクリスチャンであっても、自然的、人為的災害を神の処罰とは考えないのが通例であろうから、カルヴァンの目からみると、恐るべき瀆聖行為をしていることになる。

Ⅱ

社会宗教と非社会宗教

人間は本質的に不安な生きものであるから宗教を考えるのだと言うことができるであろう。一神教はすべてが神の側から来る、神から与えられると考えるので、人間が宗教を構想するという言い方を承認しないと思うが、それでも人間の側に立って考えればこのように言える。

人間の不安には二種類ある。一つは生きものとしての死の不安であり、もう一つは人間社会の中でうまく折り合いをつけて行けないことの不安である。もし人間に死ぬということがなかったら、すべては遊びだとすることができそうである。死の不安が後の不安の根底にもあると言うことができる。では死の不安を解消できれば、すべてが片づき、楽しく生きることができるであろうか。現実はそれほど簡単ではない。インド人は輪廻を信じていると言うし、クリスチャンは死後の永遠の生命を信じていることになっているが、その人たちの一生はすべて具合よく運んでいるかというとそうでもない。生きている間はさまざまな欲望があり、それが満たされないと苦しむ。この問題はもっとつっ込んで考えなければならないのだが、ここでは一応保留にしておくことにする。

人間の不安のうち後者、社会的不安はまた二つに分けられる。一つは自分の属する共同体、たとえば民族が他の民族に抑圧され隷属を強いられることであり、もう一つは自分の共同体内での自分の不適応である。前者、自分の属する共同体の問題を戦後の日本人は忘れていたらしい。しかし今は様子が違ってきている。

話が少し脇道にそれるけれど、今までの日本はアメリカの核の傘に守られて、平和憲法の下で自分の国の経済的発展だけを考えておればよかった。今その発展が曲がり角に来たところで隣国の中国が巨大国家の相貌を呈しはじめた。かつて日本は中国文化圏の周辺国の一つであったが、今では西欧文化圏に属するようになっている。アメリカと中国という、かつて交流したことのない文化の衝突がおこったとき何が勃発するのか、日本としては予想ができないのである。私は今の日本人の右傾化の根本原因は、日本がどうなるかについて日本人が不安を感じ始めていることにあると思っている。朝日新聞や左翼の知識人、キリスト教団体などの反撥にもかかわらず、ガイドライン法も国旗国歌法もすんなりと国会を通過し、そのことが選挙や小渕内閣の支持率に全く影響がないのはなぜか。それは日本人の大部分が政治に絶望して無関心になっているせいだという解釈もあるらしい。私に政治情勢についての特別な知識があるわけもないが、日本人が右傾化を支持しているからではないかと私は想像している。改めて考えれば、核の傘の下での平和憲法というものもそれ自体矛盾なのである。

戦争をどう考えるべきかについて私に格別の案があるわけではないので、こういう議論はこのくらいで止めたいが、ユダヤ人にとって民族の盛衰は重大な関心であったはずである。イスラエルは南北の大国の間にはさまれた「橋」であることはポーランド、朝鮮によく似ている。私は『旧約と新約の矛盾』(ヨルダン社)の中で、出エジプトに始まるユダヤ民族の歴史を簡単な線図で表していたが、ダビデとソロモンの時代を除き彼らの歴史はすべて他国への隷属の歴史である。律法を否定しユダヤ民族共同体の解体を主張したはずのパウロが、「わたし自身、兄弟たち、つまり肉による同胞のためならば、キリストから離され、神から見捨てられた者となってもよいとさえ思っています」(ローマ九3)と言っている。死を賭した伝道への情熱の底には、世界をユダヤの神の支配に服せしめたいという願望が潜んでいたにちがいないと私は前から想像している。

さて始めに戻って、二種類の不安に応じてその解決を目ざす宗教にも二種類がある。死の不安に対しては非社会的、個人的宗教があり、社会的不安に対しては社会的宗教がある。『体制宗教としてのキリスト教』(社会評論社)の中で私はキリスト教を政治宗教と規定したのであるが、社会宗教の中に政治宗教と非政治宗教とがあると考えたい。

非社会宗教

個人の死、病気、個人の運命である不幸不運を納得しようとするのが非社会宗教である。その不安、苦しみは本質的に人と人との関係である社会生活とは無関係である。本質的にと言ったのは、人間は社会的動物であり、社会の中に生まれ、死ぬまで社会から離れて生きることはできないからである。一見人間にとって社会生活がすべてであるように見えるが、人が生まれること、死ぬことそのものは、人が動物の一種であることによるもので、社会に生きているとは見えない他の動物と全く同じなのである。

パウロはローマ人への手紙の中で「罪が支払う報酬は死です」（ローマ六23）と言っている。君主が犯罪人を死刑に処すように、支配者である神は罪人に死を与えるというのである。この思想に、原罪の思想を組み合わせると、すべての人が死ぬという現実の説明になるのであるが、私の見るところ、罪がなければ人は死なないと考えているクリスチャンは現代では珍しいのではないか。

人の心はその人個人のものと言うよりは多分に共同体のものであるらしいのであるが、身体は明らかに個人のものである。無数の他の仲間と全く区別がつかない蟻でさえも、私が潰すのはこの一個の蟻なのである。人もそのように一個人としての運命をもっている。震災で死ぬこと、交通事故に遭うこと、突然癌に犯されること、男に生まれ、女に生まれること、受験に失敗すること、オリンピックで金メダルをとること、他の誰々でなくて私にそれが起こるのは個人の運命という外はあるまい。

釈迦は生病老死の四苦を教えたと言う。人が生まれ、病気にかかり、年老いて遂に死ぬことは生物、動物としての人間の運命である。昔はたとえローマ皇帝であっても、日本の天皇であっても、病気にかかると簡単に死んだ。その点では皇帝も奴隷もそう変わりはなかったらしい。このように本質的に社会生活とは無関係な個人の運命の問題を解こうとする宗教が非社会宗教である。釈迦が始めた仏教は発足の時点では純粋にこのような宗教であったらしい。

普通、人はこの社会宗教と非社会宗教を区別することができず、一塊りの不安として感じていて、いずれかの宗教団体に加入して心の平安が得られればそれで良しとする。しかし宗教とは何かを研究するにはこれを明確に区別して論じる必要がある。

社会宗教

社会的不安には共同体の外へ向かっての不安と、内部での個人の不適応の不安があると言ったのであるが、それに応じて社会宗教にも二面があることになる。『体制宗教としてのキリスト教』の「『殺す勿れ』の戒めをどう理解するか」の章で私はヤーウェのみな殺しの命令について論じた。これは共同体の外に向かってのことであるが、神の命令であるから一種の律法、社会規範であろう。十戒の中にはないけれど、第一戒の中に隠されていると解釈できよう。原始キリスト教の時代、ローマの皇帝崇拝を拒否しての殉教が信仰の鏡として讃えられている。この場合、殺すのではなく殺されるのであるが、第一戒を守るという点では共通している。戦時中軍人勅諭というものがあって、その第一条は「軍人は忠節を盡すを本分とすべし」であったと聞いている。戦争で敵国人を殺傷することは軍人の手柄であるが、理論上は忠節なる行為の一部であったのだろう。これは明らかに第一戒に相当する。

内には殺す勿れ、外に向かってはみな殺しという神の命令は、ダブル・スタンダード、二重道徳であるが、旧約の信仰が本来ユダヤ民族の生存に奉仕するものであるとすれば、これは当然のことである。しかし現代ではこの二重道徳は評判が悪い。私も、『旧約と新約の矛盾』で、同じ考えに立ってカナン侵入を侵略戦争だと非難した。しかし「みな殺し」の神の命令が、ユダヤ社会にとって社会規範、旧約の宗教の一部であることは間違いない。先日の新聞で戦争についての論説の中に「社会学の常識では、人を殺してはいけないというルールを一般化した社会は一つもない。人類は『仲間を殺すな』と『仲間のために人を殺せ』の二大ルールで何万年もやってきました」とあった。このことは旧約の宗教もキリスト教も日本国家も変わることはない。同書で「オウム真理教と信仰の自由」の章でとり上げたのも同じ趣旨である。しかしこの問題の議論をこれ以上は進めない。私の考えもこれから先へ届いているわけではないのだから。以下では専ら共同体内部の社会規範を取り扱うことにする。

人間は社会の中で生きる。社会の規範によって生き方を規制されている。規範には習俗、法律、道徳がある。正義、公平、憐れみ、愛など、宗教が説く理想はすべて人と人との関係、自分と他人との関係において言われることで、社会的規範の一つである。人は他人の違反を批判し、また自分の心の動きをも自ら批判する。違反は罪である。規範と罪との上に立つ宗教、神の義の上に立つ旧約の宗教は社会宗教である。

社会において正義、公平、憐れみ、愛などを実現しようとすれば、自分がそれを求めるだけでは駄目で他の人々を動かさなければならない。他人に納得させ、行動に誘わなければならない。それは社会的行動であり、広義の政治行動である。

新約のイエスは教会をつくらなかったし、武力をもとうともしなかった。彼がいわゆる政治活動をしたとは言えないが、それでも当時のユダヤ人社会を規制していた律法を批判し、神殿の物売りの台をひっくり返したりしている。自分に従ってきた四〇〇〇人に奇跡で食物を与えたりしているが、その人々がイエスに唆されて何をするか分からないと、周囲の人々は見たかもしれない。パリサイ派がイエスに、ローマ皇帝に税金を納めるのが律法に適っているかどうかを問うたのは、イエスの政治的立場を試そうとしたのである。そもそも神の国が近いと宣伝して廻ることは、現体制が神の支配の下にはないと主張するに等しく、それを公然と批判することである。神の国の「国」というのは社会体制のことであるから、神の国を告知すること自体が政治行動なのである。そして結局イエスが殺されたのは政治的理由によることは明らかであり、当時の支配者たちはイエスの行動を政治的だと見ていた。

社会宗教の典型は旧約の宗教である。旧約に溯源するユダヤ教、キリスト教、イスラム教はいずれも基本的には社会宗教である。これに比べるとイエスの宗教は非社会的な面をもっているようにも思えるが、イエスはユダヤ社会に生きた人であり、社会的救済を目ざしていたことは確かである。イエスが自分自身の救いについて悩み修行したとは聖書のどこにも書かれていない。そこが仏陀とは根本的に違う点である。

非社会宗教としての仏教

われわれ日本人はほとんどの人が自分は仏教徒だと考えていて、仏教で葬式をし、親の法事を行い、墓詣りをする。それでなんとなく仏教を知っているような気でいる。実際、日本仏教の各宗派、浄土真宗、禅宗、日蓮宗、真言宗などについて、その教理を正確に知らなくても、その宗派の坊さんや信徒の生活の実例によって、それがどのようなものであるかを知っている。案外日本の仏教を正しく把握しているのかもしれない。

同様に欧米のクリスチャンはキリスト教とは何かを経験的に知っているはずである。信徒が人口の一パーセントしかいない日本ではキリスト教は歴史をもっていないと言ってよい。日本基督教団は戦前の行為を反省して戦責告白をしたりしているのだが、これが日本人クリスチャンの歴史である。これに比べて、欧米人のうちでもラテン民族は二〇〇〇年のキリスト教の歴史をもっている。

歴史をもっていない日本人クリスチャンは二〇〇〇年前に書かれた聖書や欧米のエリート・クリスチャンが伝道のために、特に信仰厚い信徒の実例を描いた書物などを読んで、キリスト教とは、クリスチャンとはそういうものだと思いこんでいる。そういうキリスト教のイメージは、長い歴史をもつ欧米のクリスチャンが抱くイメージとはかなり隔たりがあるのだろうと私は想像している。先にキリスト教社会も二重道徳の例外ではないと書いたように、その歴史は異端審問所、十字軍、ユダヤ人殺し、新大陸アメリカでのインディアン虐殺など血腥い迫害の話に満ちているのである。『体制宗教としてのキリスト教』で私は、キリスト教は旧約を土台とした宗教であるという仮説を提出しておいた。

話を元に戻して、紀元前五世紀頃インドに生まれた釈迦が始めた仏教は今のわれわれ日本人が知っている仏教とは随分違うものだったらしい。インドの仏教は中国に伝わり、ついで日本に渡来したのだが、二五〇〇年の間に変貌をくり返している。歴史上の釈迦が始めた仏教は完全な個人宗教、典型的な非社会宗教だったのだと私は考えている。『仏教』(渡辺照宏著、岩波新書)、『仏教入門』(岩本裕著、中公新書、以下『入門』と略する)から引用しながらそのことを述べてみよう。この二つはいずれも古い本だが、仏教の研究はその後たいして進んでいないのではなかろうか。

「シッダールタ太子(釈迦)の老、病、死に対する強烈な反省は二十九歳の年に始まった。幼時以来の内面的な経験がいよいよ最高潮に達したのである。しかも太子の場合は彼自身の個人的な恐怖ではなかった。人は誰でも老い、病み、そして死ななければならないという人間の普遍的な苦悩が彼の直面した問題なのであった」(『仏教』)。彼は二九歳で出家し、六年間の苦行のあとで悟って仏陀となったと言われている。解脱の体験の後彼は絶大な説得力と感化力をもつようになった。その体験の内容は私には分からないが、仏陀の教えは次のようである。「こうして、ブッダは『人生は苦なり』と断言する」(『入門』)。これが仏陀の世界観である。彼は説いている。「修行者たちよ、苦悩についての神聖な真理というのは次のとおりである。この世に生まれることは苦悩であり、年をとることも苦悩である。病気は苦悩であり、死は苦悩である。憎んでいるものに遭うことも苦悩であり、愛するものと別れることも苦悩である。欲しいものが手に入らないことも苦悩である。要するに、人間の生活をつつむ物質的、精神的なあらゆる要素はすべて苦悩である」(同前)。「こうして、ブッダは『人生が苦であるのは人間に欲望があるからだ』と断定する」(同前)。ここで苦悩には生、病、老、死という個々人の運命に関することに併せて「憎むこと」「愛すること」「欲すること」があげられている。憎むこと、愛することは人間社会で他人との関係において生ずることであるが、よく考えてみると、この「愛」は社会規範としての愛ではない。キリスト教で隣人を愛せよと教える愛、それを実行できないのは罪とされる愛ではない。人間が動物としてもっている欲望の一種としての愛であり、その反面が憎しみである。食欲や性欲と同じように、人間には他者に対して愛憎の感情が本能的に与えられている。それは生物的、個人的なものである。

無償の愛の典型として母の子に対する愛が教会でも語られることがあるが、本当はこれは間違いなのである。母の子に対する愛は男女の愛と同じく動物的、本能的情熱であって、隣人への愛とは全く違う性質のものである。父母は自分たちの子供だけを排他的に愛するのであり、男女は特定の相手だけに強く執着するのである。それは規範、当為ではなく、遮られたときは強烈な苦しみをもたらす。世の中に隣人を愛することを邪魔されたからといって、寿命を縮めるほど苦しむ人はいない。一方世の母親は信仰のあるなしにかかわらず、苦しむ吾子の身替わりになりたいと願うものなのである。

そこで次の段階として「苦悩を克服するための真理」を見出すことが求められる。「修行者たちよ、苦悩を克服するための神聖な真理とは、次のとおりである。この欲望を完全に滅ぼし、捨て去り、思いきり、欲望に縛られることから脱出し、深く思いこんでとらわれることのないことである」(『入門』)。その方法として仏陀は八正道という実践倫理を示すのであるが、理論的には「人生は苦なり」という世界観からなお進んで「欲望は何によって起こるか」「何ゆえに苦悩はあるか」という問いに答えねばならない。そこから「形体のあるもの(色)は本質のないもの(無我)である」(同前)、「われわれ人間の生存を規定し、人間の生活のすべてを覆う物質的、精神的なあらゆる要素はすべて永続しないものであり、移り変わるものであるから、苦悩であるということである」(同前)という理論が提出される。それは縁起説、なお進んで大乗仏教の空という思想に発展してゆくのであるが、それは今の問題ではないから、これ以上は述べない。

仏陀は人々のために法を説く決心をし、自分に従って出家する人々のために教団をつくり、戒律を設定した。特に出家者には完全な禁欲を課した。それは人生が苦であるという世界観からの必然的な帰結である。性欲こそがこの苦なる生を限りなく継続させる原動力であるのだから。しかし仏陀は希望する人々を教団に受け入れただけであって、入会すれば救済が保証されるとは言っていないし、またすべての人々を入会させ教団を拡大させようとは全くしていない。教団は一種の修養団体にすぎない。悟りは修行の結果えられるものであって、入会によって得られるものではない。その点パウロの教会とは全く違う。「仏陀の教団は世俗的な欲望を断念し、ひたすら宗教的な理想にむかって努力する人々の集まりであった。そうした宗教活動が結局において社会の道徳的水準を引きあげ、秩序を整えるに役立ったのではあるが、少くとも直接には世事に関係しなかった。仏陀は政治上の諸問題について問われれば適切な忠告を与えたが、実践問題の処理には干渉しなかった。仏教教団は後になると世俗的な問題に関与する場合も出てくるが、仏陀の時代にはそういうことはなかった。少くとも仏陀においては宗教と政治とは確然として一線を劃していたのであった」(『仏教』)。仏陀は世俗社会の人々が守らなければならない戒律を全く説いていない。イエスのように神の国を建てようとは全くしていない。

「ブッダは社会を無視し、個人の救済のみを問題とした。ブッダの生きたのは古代社会の中である。今日、資料には何の記載もないけれども、数多くの天変地異があり、数多くの社会悪があり、人災の繰り返されたことは想像にかたくない。それにもかかわらず、ブッダはそのすべてを個人で甘受せよと言うのである。と言うことは、当時の社会の実状を肯定せよという意味である」(『入門』)。

仏陀は個人として生の苦悩から脱出することを目ざしていた。当時のインド社会の輪廻信仰に対しては、無限に繰り返される生から離脱し、全く消滅することを理想とした。現代のオカルト思想には、輪廻をある意味の永生としてそこに希望を見出そうとする考え方があるらしいが、仏陀の思想はその反対である。キリスト教は個人の永生を願うが、仏陀は滅びることを理想としている。後の仏教ではこの思想は巧妙に修正されたのであるが。

こういう思想では現世の生活を改良しようとしたり、正義、平等、愛の行われる社会を追求したりすることは本来無意味なのである。ここに完全なる個人宗教、非社会宗教が見られる。

社会宗教の神・人格神

社会宗教の最終原理は支配者としての神、人格神である。人格神の思想は、支配・被支配という人間社会の現実の写しである。自然界には支配・被支配はない。太陽は地球を支配しはしない。

人格神は何よりも人間社会の支配者である。私は『体制宗教としてのキリスト教』の中で、「主なる神」と題してそのことを論じた。人格神の原型は専制君主であるから、臣下としての人間に要求される信仰は何をおいても服従である。たまたま今日、私の教会の礼拝で招詞としてヨブ記一章二一節が読まれた。この有名な箇所は言う。「わたしは裸で母の胎を出た。また裸でかしこに帰ろう。主は与え、主は取られたのだ。主のみ名はほむべきかな」。われわれが裸で生まれ、一生の間に収得し蓄えたものを何一つ持たずに裸で死ぬことは誰でも知っている。しかしそのことを「主は与え、主は取られたのだ」というように、支配者との関係として受けとるのは、日本人の誰でもが納得できることではない。しかし教会はこの信仰者の態度を最も敬虔な信仰として高く評価する習わしである。信徒は絶対者である神に完璧に服従すべきである、神に対して何も要求すべきでない。「人よ、神に口答えするとは、あなたは何者か。造られた物が造った者に、『どうしてわたしをこのように造ったのか』と言えるでしょうか。焼き物師は同じ粘土から、一つを貴いことに用いる器に、一つを貴くないことに用いる器に造る権限があるのではないか」(ローマ九20 21)。

蹴とばされる石ころのように、無抵抗、全き服従こそが信仰だと教えられる。すべての人間的思惑、望み、希望、衿持、自尊心が打ち壊された後の「砕かれた心」こそが信徒の理想である。こういう受動性は無機物に似ている。土が踏まれることに抗議することがあろうか。石が砕かれて歎くであろうか。この受動性は自然災害の場合などでは自然の運行をそのまま肯定することになり、自然科学的世界観に似てくるのであるが、人格神の思想は万物を創造した神の支配に服するという意味であって自然科学的世界観とは異なる。それは人間社会の支配と被支配という関係のアナロジーから来るものにちがいない。私が「主なる神」で書いたように、それは戦前の現人神である天皇に対する随順、絶対服従に酷似している。人はそういう服従に喜びさえ感ずることがある。

以上のような、信仰すなわち絶対服従の説に対して二種類の反論がありうる。一つは祈りの問題である。「求めなさい。そうすれば、与えられる」(マタイ七7)、「あなたがたの天の父は、求める者に良い物をくださるにちがいない」(マタイ七11)。「はっきり言っておく。あなたがたも信仰を持ち、疑わないならば、いちじくの木に起こったようなことができるばかりでなく、この山に向かい、『立ち上がって、海に飛び込め』と言っても、そのとおりになる。信じて祈るならば、求めるものは何でも得られる」(マタイ二一21 22)。これらのイエスの有名な言葉は前述の私の説と真向から衝突する。どう解釈すべきか。福音書はイエスの超自然的奇跡の話で満ちみちているのだから、祈りが必ずきかれるという信仰を否定することは難しい。これは人格神、父なる神信仰の一部を構成していて、それだけを外すことはできそうにない。おそらく信仰と呼ばれる人間に普遍的な心理の表現なのであろう。現実に教会では毎日曜日の礼拝にさまざまな願い事が祈られ、それは必ず天の父によって聞き届けられることになっている。ただそれがいつ、どのように実現されるかはわからないのではあるけれど。使徒行伝ではパウロも奇跡をおこしたことがあると記されているが、彼の手紙にはこの種のことは皆無と言ってよい。福音書は昔の話だし、手紙は今のことを述べているわけで、その違いだと考えるべきだろう。

私としては祈りは全くの気やすめだと言い切るのは遠慮したいと感じているので、この際は答を出さずにおきたい。

もう一つの問題点は神の義との関連である。神はユダヤ民族に律法を与えて、「わたしを愛し、わたしの戒めを守る者には、幾千代にも及ぶ慈しみを与える」（申命記五10）と約束している。この約束があるのだから、律法を守っている義人が理由なき苦難を甘受しなければならないわけはないはずである。先にヨブ記の箇所を引用したが、ヨブ記はこの問題を真正面から論じている。友人たちとの論争においてヨブは自分の義しさ《ただ》についてはあくまで譲っていない。しかし最後には神の圧倒的な力の顕現の前に屈服している。私は先述の本で「主なる神」と題してこのことを論じ、医師山形氏の所論を引用した。彼は「因果応報では説明できない別の秩序がある」と主張している。彼の解釈では、神の支配の方式には、神の力と神の義の二種類があり、神の力の方がより根源的である。神は先の申命記の約束を破ることもありうるのである。神の力の発現には何の理由も説明もなく、すべては闇の中で、ときには理不尽でもある。それでも人間は神の支配を喜んで受容するのが正しい信仰だという解釈である。専制君主の国では君主の意志がすなわち法である。同じく神の気まぐれも義なのである。

絶対的支配者としての神に対する服従と祈りの矛盾、神の力と神の義の矛盾は以下のように説明できる。

人格神の原型は専制君主である。私のこの説には学問的裏づけがないではないかという批判があるだろう。私は学者ではないのでそこまでは手が届かないのだが、旧約が描く神のさまざまな行為を概観すれば私の説は疑えないように思う。

君主は法律を公布し違反者を裁き、忠実な臣下に報償を与える。これが神の義である。法は必ずしも現実に対して適正であるとは限らないし、悪しき役人もいるのだから、臣下には君主に直接訴える途が残されている。仁慈なる君主はそれを必ず聞き届ける。これが祈りである。訴えることは君主の主権を信頼しそこから離脱したり反乱をおこしたりはしないことを含意している。祈りが強い信仰の証しであるのと同じである。君主は違反者に特別の恩赦を与えることがある。臣下は君恩に感泣して悔い改め、終生の忠誠を誓うだろう。これすなわち神の愛、恩寵である。しかし君主の意志を臣下がすべて理解できるとは限らない。ときには理不尽な命令を下し、死を給うこともあるかもしれないが、臣下はあくまで君主に信頼し喜んで服従するだろう。これが砕けたる心である。

戦前の天皇支配の下で流された文書の言葉をまだ記憶しているわれわれには、以上のイメージを描くことはたやすいことである。まことに神と専制君主は瓜二つなのである。

人格神と創造神

釈迦は人間として生きることは苦であると考えてそこから離脱することを探究したのである。釈迦が生まれたとき、そこには既に世界があった。彼は世界の中に生まれたのである。インドには創造神の信仰はなかったらしい。もし創造神の信仰があれば、すべてのことはその神の意志によって決まるわけだから、人のなすべき唯一のことは創造神の意志を知ることにある。

創造神は天地とすべての生物、人間を造ったのであるから、それらすべての支配者である。その神の力とまなざしから逃れ出ることは不可能であるから、人間が何のために生きているのか、どう生きるのが正しいのかを考えるとしたら、その答えは神の意向を知ることだということになる。

神が世界の外にいて世界を造ったということは、神は自分の造ったものを自由にできるということである。人間が自分の造った物を自由に壊すことができるように、神も世界を自由に壊すことができる。神は完全な支配者なのである。もし世界が既にあってその中に神が誕生したのであれば、その神は世界を支配する法則を知って、それをコントロールする力を手に入れることができても、世界を壊すことはできまい。その神の世界支配には自ら限度があって、全能というわけにはゆかない。神が全能であると言われるためには創造神でなければならないのである。

神は人間が家具や建物を造るように天地や人間を造った。私はこの「制作者としての神」という見方を『反哲学史』（木田元著、講談社）で教えられた。誰でも人間が生まれ出てきたときは既に世界はある。この経験からすると、世界は何らかの理由で既にあるもので、その中に人間が出現し、それを知るのだという考え方は無理なく受け入れられる。ハイデガーの「世界内存在」という思想は一面ではこのことを意味しているのであろう。ともかく自然がすべてに先んじてあるわけである。

これに対して世界の外にある神が創造するという考え方は、人間が物を制作するという経験に範をとっていると言えるであろう。木田氏によるとプラトンの思想も同じだと言う。イデヤという設計図のようなものがあって、それに倣って現実が造られる。

人間に範をとっている神とはすなわち人格神であるから、人格神は発展して創造神となる運命をもっていると言えるだろう。完全な支配者の典型は専制君主であり、専制君主はどこの国でも人間社会だけではなく、天地自然も支配できるものと考えられたらしいのである。旧約のヤーウェも創造神に発展する以前から奇跡を行う力はもっていると考えられていた。しかしヤーウェ以外にも神々がいてそれらと戦っているのだから、ヤーウェ自身は数ある神の中でより強力な神であるというに止まった。では神々を誰が造ったのか、自然はどこから来たのかという疑問はまだ浮かんできていなかった。

創世記のアダムとエバの物語は紀元前一〇世紀に遡ると言われているが、ここで造られたのは人間だけで、自然はその前に既に存在していて、その生成については何も述べられていない。その神が進化して創造神の形をとったのは前五世紀の頃だと言われる。

以上のように創造神は支配者としての神という思想の行きついた理想の形であろう。そして支配者としての神は社会宗教の原理である。

旧約の律法

支配者である神ヤーウェはユダヤ人に律法を与えた。律法はユダヤ人社会の規範である。神は規範に反する者を処罰する。すなわち罪と罰である。一神教の原理は法的である。

イスラエルはいくつかの部族の連合体だと言われている。各部族はそれぞれの神を拝していただろうから、連合のとき調整が行われたはずである。連合体が一つの組織でありうるためには統一のための一つのシンボルをもっていなければならない。それが神である。しかしバビロン捕囚の頃までイスラエルは事実上多神を拝していたらしいから、どういう調整がなされたのか、もっと勉強しないとわからない。それにしても各部族がどの神を拝するかを調整することは、人間が神を選ぶことであるから、現代のキリスト教では無信仰の極みだと非難されるだろう。人が選べるような神が人に恵みを与える力があるはずはないからである。しかし古代の人はそうは考えなかった。よい例が日本の神社である。日本人は最近まで生きていた人、自分たちが知っていた人が死んだ後、その人を神として祭り、今度はその神の加護を祈るのであるが、日本人は誰も変だとは言わない。キリスト教はそれを偶像崇拝だと非難するけれど、キリスト教が聖典とする旧約でも初期は明らかにそうであった。紀元前五世紀の頃、ユダヤ人が聖書の編さんをし、唯一神ヤーウェの信仰を確立したときも、彼らは多くの神々の中からヤーウェを選び、他の神々を捨てたのである。そのときユダヤは中央集権国家となり、ヤーウェはその体制の神となった。

ダビデが紀元前一〇世紀頃イスラエル部族とカナン都市国家を統一して王国をつくったとき、ダビデは武力を背景にして一つの法を施行したであろうが、神については統一はしなかった、もしくは統一はできなかったのであろう。ソロモンがダビデを継ぐときはカナン人勢力に支持されて王位継承の戦いに勝ったのだし、ソロモンはカナン人の神を祭ったりしている。この時代にはまだ十戒はなく、パウロが言っている律法もなかったのだろう。ヤーウェ信仰が確立されていなかったのだから、ヤーウェが与えたことになっている律法もなかったわけだ。すべては紀元前五、六世紀、申命記が書かれてからのことであろう。

イエスの律法

『イエスとは誰か』(高尾利数著、NHKブックス)によれば、「マルコの描くイエスによれば、福音とは、イエスがアッバー(父ちゃん)と呼んだ神の支配(その内容は本来無条件、無差別な祝福、それに基づく正義と公正と憐れみ)のもとに、万人が置かれているという現実そのものであり、そしてその現実を自覚し、その現実にふさわしい生き様を志向し、あらゆる不当な差別や抑圧を廃棄し……」。

ここで「本来無条件、無差別な祝福、それに基づく正義と公正と憐れみ」は、神が人間を無条件無差別に祝福するのだから、それを受ける人間も隣人に対して同じような祝福を与えなければならない、隣人に対する「無条件、無差別な祝福」とは「正義と公正と憐れみ」のことだという意味であろう。前の祝福は神が人間に与えるもので、神の愛として一方的に贈与されるものであるが、それを受けた人間が隣人に与える「正義と公正と憐れみ」は当為、規範となる。と言うのは「万人が置かれている現実」と書かれているが、人間社会に「正義と公正と憐れみ」が実現されていないことは周知のことであるから。それはこの文章の終わりに「その現実にふさわしい生き様を志向し」とあるのを見ればわかる。それが現実ならば改めてそれを志向するまでもないわけで、ここで使われている「現実」はむしろ「理想」に置きかえるのが妥当であろう。著者はそのことを承知していると思うのだが、敢えて現実と書くところにこの文章が人を動かすレトリックがある。

「正義と公正と憐れみのもとに万人が置かれている」のであるから、人間社会は放っておけば自然に正義と公正と憐れみが実現されるように見える。子供は生まれつき善なる性質をもっているのだから、拘束なしに、すべて話し合いで大事に育てれば、子供がナイフで先生を刺したり、親が息子を金属バットで殴り殺したりする事件はおこらないはずであるが現実はそうはいかない。

動物行動学者コンラート・ローレンツは、『攻撃——悪の自然誌』（日高敏隆、久保和彦訳、みすず書房）の中で、動物には攻撃本能があると言っている。ただし父、母は子に対し、また兄弟姉妹間にはそれを抑制するメカニズムが既に備わっているらしい。動物が自らの個体の生存を保証するために攻撃本能はなくてはならないもののように見える。「正義と公正と憐れみの支配が増し加えられることはアッパーの意志である」かもしれないが人間の意志ではないのが事実である。人間は自らの意志に時には反して、支配者である神の意志の実現を求められる。それは規範であり当為である。

たとえばわれわれが抑圧されたグループに属しているときは、「正義と公正と憐れみ」を実現することはわれわれの利益である。神は「正義・公正・憐れみ」を命じているはずなのにわれわれは不当に差別されている、われわれは怒りに満たされて戦うのだ、ということになる。そのときわれわれは自分の中に確かな促し、衝動を感じて正義と公正を追求する。それは一方ではわれわれの利益でもあるとなると、われわれは自分が本当に求めているのは正義なのか利益なのかわからなくなるだろう。

次に反対に、われわれがより富んだグループに属していて、それほど不当に扱われているとも思えず、不平等に怒ることもなく、どちらかと言うと他人を憐れむ立場にあるときはどうなるだろうか。われわれは実際満足しているのだから怒りはない。そのとき神の意志に従うこと、「正義・公正・憐れみ」を求めるように人を促す力はどこから来るのであろうか。

隣人への愛は人々の心の中に自然に湧き出るものではない。われわれは自分の近親の人々、何らかの繋がりのある人、すぐ側にいる人には特別な感情を抱くのだが、見知らぬ人々を隣人だと感ずる力はない。パウロは律法が人間に罪を自覚させる、すべての人間に罪があると主張している。これは人間が自然の状態では「正義・公正・憐れみ」を求めることはないことを示している。これは神の意志ではあるかもしれないが、人間一般の意志ではないのである。

考えてみると、愛だとか公平、正義などという徳目はすべて弱者のためのもの、弱者に有利に働くという面をもっている。強者は他人を愛さなくても自足しているから平気だが、弱者は、相手の強者が、愛さなければならないという徳目に縛られてくれる方が有利である。公平や正義も同様である。強者は公平でなくても平気だし、正義が実現されていなくても平気だろう。公平ということは強者が自分の持っているものを弱者のために削るということだし、正義とは強者も弱者も同じルールに従うということで、このときも損をするのは強者であり、得をするのは弱者である。旧約の預言者が正義と言っているのは明らかに弱者を保護することである。外圧に押しひしがれてばかりいた弱小民族ユダヤ人が愛や公平や正義という道徳を考えついたということはうなずけることである。それはユダヤ人の生存に有利に働くのであるから。以上の議論は一面的だと言われるかもしれないが、現代でも国際的にはそれが現実である。

福音書は人々に対するイエスの語りかけについて矛盾した叙述をしている。彼はあるときは「ぶどう園の労働者のたとえ」(マタイ二〇章)や姦通の女の話(ヨハネ八章)、その他の場合のように、無条件のゆるしを告げているが、あるときは「言っておくが、あなたがたの義が律法学者やファリサイ派の人々の義にまさっていなければ、あなたがたは決して天の国に入ることはできない」(マタイ五20)と言う。マタイによる福音書の反対命題と呼ばれている教えはわれわれにとって実行不可能なものである。「タラントンのたとえ」(マタイ二五章)では預かった金を地中に隠した僕《しもべ》は外の暗闇に追い出されると言われている。自民党内閣は大幅な景気対策を決めたが、タンス預金をする人はイエスによって天国から追い出されるだろう。

福音書の記述も、イエス自身の言葉だと見なされるものから、後の教会が附加したものまでいろいろあって、その解釈について聖書学者の間でも諸説があるらしい。私にはそれを選別する力は全くないが、全体としてみると、イエスの道徳的戒めは格段に厳しいものだと思う。結局イエスは新しい律法をもたらしたのである。「互いに重荷を担いなさい。そのようにしてこそ、キリストの律法を全うすることになるのです」(ガラテヤ六2)。イエスの律法は教会の中でだけ通用し、天国の入口での評価の基準となる。

イエスと釈迦

イエスは自分自身の救済のことを考えたことはないし、そのために修行したことはない。マタイによる福音書にはイエスが荒れ野でサタンの誘惑を受けたと書かれているが、荒れ野で自分の救済のために修行したようには見えない。「天使たちが来てイエスに仕えた」（マタイ四11）というのだから、既に神または神に近い人だったのだろう。悪魔の誘惑は救済者としてのイエスの行き方について、どうすることが人間の救済になるかという路線の選択の問題についてであったように見える。イエスは最初から神と密着していて自分の救済について悩む必要はなかったらしい。そこが釈迦とは基本的に違うところである。釈迦はまず自分自身の救済の問題を解決し、その理論を立てる必要があった。釈迦が当時の社会に知られていた救済理論から何を受けつぎ、何を新たにつくり出したかについて私には知識がないが、人生は苦であり、その無限の継続である輪廻から脱出すべきだという思想は新しいものだったのではないか。というのはこの思想は中国や日本ではすぐに忘れ去られたように見えるからである。

イエスはユダヤ人社会の人格神、創造神の信仰とその義による支配という観念を受けついでそこに疑いを抱いていない。イエスは完全にユダヤ人世俗社会の人で、釈迦のようにそこから脱出すべきだなどとは少しも考えていない。当時の世俗社会を肯定して、その中でどう生きることが人々の幸せになるかを考えた。確かにイエスは神の国が近いと宣言したのだから、当時のユダヤ人社会は間違っている、神の国はこんなものではないと考えていたわけだが、この世界も彼の考えているように神の支配が実現されれば、元来は神がつくった良いものだと考えていたのだと思う。後にパウロはイエスを継承したとしながら、原罪説をとなえ、死後の永遠の生命を教えるようになる。イエスも終末を説いてはいるがパウロほど来世待望ではないように見える。

人々の生き方をどう変えたらいいのかということになればそれは当然政治問題になるだろう。ローマの支配体制をどうするか、ユダヤの神殿にいる親ローマの支配勢力をどうするのか、それとは別のパリサイ派の律法主義という、当時かなりの政治勢力であった一派にどう対処するのか、などについてイエスは当然思案したはずである。

このように考えてくると、イエスが当時のユダヤ社会をどう変えたいと思ったのか、どう変えることができると思ったのか、もう一つはっきりしない。われわれは始めからイエスは神であって世界と人間そのものを救うために来たのだと思い込む習慣だからであろう。神が超自然的にこの世を転覆するなどというのは夢物語りだと現代のわれわれならば明確にそう考えるのだが、イエスは神がモーセに語りかけたと聖書にあるような時代を再現したいと夢見ていたのだろうか。そうは言っても、現代の教会も毎日曜日の礼拝にキリストが臨在していると教えるではないか。しかし現代の神は決して向こうから積極的に働きかけてはこない。それは旧約の預言者の時代までで、神が沈黙を守るようになってからもう二〇〇〇年たつ。われわれが臨在していると言わなければ誰もそれに気づきさえもしないのである。「実に、神の国はあなたがたの間にあるのだ」(ルカ一七21)。この言葉を、われわれが言わなければ神は存在しえないのだという意味にとったら教会はびっくりして怒り出すだろう。

新約のイエスのイメージで一番の問題点はイエスが地上の幸福を求めていたのか来世を期待していたのかということである。その点パウロの方が旗幟鮮明だと思う。ローマ人への手紙などパウロの理論は錯雑していてわかりずらいのだが、彼の方向はかなりはっきりしている。ただその来世志向にかかわらず彼がどうして教会を建てることに熱中したのかは理解できないけれど。

イエスのイメージがはっきりしないのは、イエスの死後五〇年くらいの間に信者の間にイエス信仰がかなり早いペースで進行してゆき、彼らがイエスを描いた福音書の中で古い伝承と新しい教会の信仰が混じりあって見わけがつきにくくなっているせいではないか。どんな宗教も巨大化すれば政治的にならざるを得ないので、仏教も遂にはそうなったのだが、釈迦の宗教は原理的に非社会宗教なので変貌に時間がかかった。それでもどこの国でも一時は国教になったが永続きしなかった。キリスト教はイエスの死後急速に拡大して世界帝国ローマの政治に捲きこまれた。ユダヤ人の宗教は基本的に社会宗教であるからローマの政治体制に適合するのに何も問題はなかったのである。

二種類の愛

先に「非社会宗教としての仏教」の節で述べたように、釈迦にとって愛は克服すべき執着の一つであった。これは動物の本能として生得的に与えられてあるもので、これから離脱することはほとんど不可能に近い。母の愛は仏教でもキリスト教でも神的な愛の譬えとして称揚される習わしであるが、これは子供という特定の人に向かう排他的な愛であって、そこから執着の部分を抜き去って無条件の愛のみを取り出すのは空想でしかない。

無条件の愛については改めて論じたいと思っているが、全能の神がすべての人を無条件に愛しているという観念は現実のどこにもその証拠を見出すことのできない、高度に屈折された宗教的観念なのである。

イエスは「隣人を自分のように愛しなさい」（マタイ二二39）と教えている。隣人とは誰のことか。それは不特定多数の人々のことである。ある人は世界中のすべての人が私の隣人であると言う。しかしわれわれは、見たこともない人、行きずりの人を愛することができるものであろうか。われわれは見知らぬ人が死んだと聞いても全く悲しくはない。

仏教も教団をつくるようになると、内部の規制のための倫理がなければ教団が機能しなくなるので、隣人愛の教えをもつことになるが、隣人愛と先の動物的な愛とは本質的に別のものである。動物的と言うけれど、この愛によって人間は個人の生存と種の存続が保証されるわけで、釈迦の教えも本質的に矛盾を内包しているのである。

そもそも欲望や感情は身体から自然に湧き上ってくるものである。生後社会から受け取ったもの、両親の躾など人間社会の文化と呼ばれるもの、人間にとっては第二の自然と言ってもよいが、それらもまた身体の中に蓄積されて行く。そこからも知識、社会規範、感情、欲望が湧き上ってくる。人間はそれらを直接に生じさせたり、消し去ったりできるように造られてはいない。ある程度自由にできるのは手足を動かすこと、すなわち行為のみである。「隣人を自分のように愛しなさい」という戒めに応じて心の中に愛情を湧き上らせられるようにはできていない。なかには良きサマリヤ人のように柔《やさ》しい人がいることは事実であるが、それにしても、もし自分の心情をイエスの教えに従って律しようと試みるならば、人は永遠に自分が罪人であることを恥じなければならなくなるのである。熱心なクリスチャンが私は罪人の頭ですと嘆くゆえんである。

以上の考察から、「隣人を愛する」とは心情を無視して行為としての愛を行うことにならざるを得ないことがわかるだろう。イエスが罵ったパリサイ派の者に倣って偽善者となること、「内側は死者の骨やあらゆる汚れで満ちている」（マタイ二三27）のに、外側をきれいにすることにならざるを得ない。曽野綾子の小説『この悲しみの世に』（主婦と生活社）の中で神父が言う。「しかし聖書の愛の観念は、世間で言われる愛とは全く違うのです。聖書で〈敵を愛しなさい〉と言う時には、それは心から敵を愛するようになりなさいということではないのです。敵を憎んだままでいい。しかし、愛しているのと同じ行動をとりなさい、という命令なのです」。

仏陀とイエスでは愛という言葉の意味が全く違う。仏陀の言う愛とは、特定の人に向かう動物的な欲望であって、苦悩の原因の一つである。イエスにとっては不特定多数の人に向かうもので、神の命令としての規範である。人は恋人を愛すること、母が子を愛することを隣人愛とは呼ばない。以上のように、仏陀が当初目ざしていたのは、社会生活以前の人間の個人的、生物的運命における苦しみからの離脱であった。これに対してキリスト教は元来すべての人の社会的行動を規制して神の国をつくることを目ざしていたのである。

人格神信仰における個人の救い

釈迦は社会と無関係に個人の生死、運命の問題を追求したのだと書いたが、人格神信仰の支配する社会にも個人はいるのだから、その救いということは必ず求められているはずである。旧約にも「コヘレトの言葉」（旧名「伝道の書」）があり、「コヘレトは言う。なんという空しさ　なんという空しさ、すべては空しい」（一２）という有名な言葉がある。昔の訳では「伝道者言《いわ》く空の空、空の空なる哉都《すべ》て空なり」となっていて戦前はよく知られていたらしい。こういう仏教的観念がどこから入って来たのか知らないがこれは旧約の中ではいわば傍系である。

旧約の中心は神の義である。人格神はユダヤ民族に社会規範としての律法をさずけ、律法を疵なく完全に履行できる人は義人と呼ばれ、神から幸せを与えられる。これが旧約の本来の思想である。従って義人には苦難が襲って来ないはずだが現実はそうはいかない。人は必ず死ぬ、義人も死をまぬかれない。人の死は神の義、罪と罰の鉄則の範囲外である。パウロは後に、人は罪がなければ死なないという理論を案出したが、そのためには来世を必要とした。義人も不運、不幸、苦難をまぬがれることはできない。神の義という社会宗教の原理は政治に無関係な生死を説明できない。

しかしユダヤ人は神の支配という観念にあくまで縛られることを選んだ。先のヨブ記の言葉はそのことを示している。「主は与え主は取られたのだ。主のみ名はほむべきかな」。これは義人に科せられた理不尽な災いにいったんは抗議したが、最後に屈服したヨブの答えである。ヨブはあくまで「主」の支配の下にある。戦前もてはやされた万葉の歌「海行かば水漬《みづ》くかばね山行かば草生《む》す屍……」は天皇に対する忠誠の心を歌ったものだが、ヨブの言葉と同工異曲である。被造物はどうころんでも創造神の管理支配の外には出られないと一神教の信者は信じこんでいる。これと釈迦の思想を比べてみると違いは歴然である。釈迦には支配者としての神、創造神の支配という観念がない。釈迦は宇宙の中に独立した一人の人として世界に対して立ち、自分の運命に対処しようとする。

新約の特色の一つは個人主義にある。新約のユダヤ人はもう律法に縛られていない。ユダヤ民族の枠組みから自由であり、ギリシャ人も同じである。新約の救済は人種、民族に関係なく、家族の一員であることに関係なく、ただ個人として神の前に立つのである。「妻よ、あなたは夫を救えるかどうか、どうして分かるのか。夫よ、あなたは妻を救えるかどうか、どうして分かるのか」（コリントI七16）。

ここでパウロの信仰による義認論の解釈の仕方によってキリスト教は二つに分かれる。一つはカトリックの方式で、パウロの言葉は洗礼という入会儀礼を通って教会に加入することだと解釈される。ここでキリスト教は再び集団主義に戻り、救済はカトリック教会に与えられたとされる。それは選民であるユダヤ民族に救済が与えられるのと同じ政治宗教である。それに対してルターはパウロの言葉を全くの個人主義的に理解した。個人個人が神と向かいあい、恩寵によって救われるのである。この考え方に立つと教会は原理的に意味を持ちえない。ただ信ずる人が仮りに集まっただけである。これは非政治宗教である。それではルターの教会は現実的に消滅の危険にさらされるわけで、ルターは教会についてはカトリック方式の領邦教会に戻らざるを得なかった。しかしルターの原理は生きており、プロテスタント教会は無教会主義の攻撃をいつも無視できないはずである。

それから、これは個人の救済と関係なくはないのだが、カトリックには功徳の思想があるがプロテスタントにはない。私はカトリックの理論には全くの不案内だが、おそらくその集団主義と関係があるのだろう。

以上のように新約は個人主義であるが、それでは仏教と同じであるかというとそうではない。仏教徒は宇宙の法則に支配されているがキリスト教徒はその法則を支配している創造神に支配されている。創造神は時には宇宙の法則を気まぐれに操作しかねない。そのことは「主イエス」という言葉に表現されている。教会で絶え間なく呼ばれる「主イエス・キリスト」は何よりも「主」である。信徒はイエス・キリストに支配されていてその力の外に出ることはない。

信徒は死後神の栄光の中に入る。「現在の苦しみは、将来わたしたちに現されるはずの栄光に比べると、取るに足りないとわたしは思います」(ローマ八18)。この「栄光」という言葉は以前は「御稜威(みいつ)」と訳された。今は廃されたらしいが、この訳語が本当はぴったりなのだと私は思っている。神は君主と同じく支配者であるからである。神谷美恵子がどこかで神の栄光とは何のことか分からないと書いているのを読んだ記憶があるが、彼女の信仰であるクエーカー主義は旧約も神の審判も認めていなかったと思う。支配という観念に違和感を覚えるわけである。栄光という言葉で人は、敵に勝利した君主が居並ぶ臣下に守られ、壮大な御殿に坐して世界を睥睨する様をイメージするのである。新約のイエスの姿のどこにもそういう威光はないのであるが、それでもイエスは最後には天に昇り「神の右に座す」と唱えられている。クリスチャンの救済観念はそういう神に服従し、その栄光と一つになることであり、釈迦の考えた救済とは全く異質であることがわかるであろう。

仏教の救済とキリスト教

仏教思想にはいく変遷があり、日本の仏教についても私は禅宗と浄土真宗には多少の知識があるが、真言宗や日蓮宗については知らない。しかし先に紹介した釈迦の成道のときの思想を仏教の基本思想だとすると、仏教は完全な個人宗教、非政治宗教である。生病老死、欲望の執着という動物としての必然的運命をどう受けとるかについて、仏教は答えを用意している。その答えは要するに運命をそのまま受容して心の平静を保つことにつきると私は思っている。

これに対してキリスト教は人間社会内での支配と被支配、規範の拘束という社会生活に象って構想された人間関係の宗教、社会宗教である。生物としての土台の上に社会生活があると考えるならば、生物的運命からの救済を約束する仏教は人間にとって、キリスト教よりも、より基本的な救済を提供できると言えるだろう。

キリスト教は罪の宗教である。罪は元来は社会規範からの違反である。罪は神から離れること、神に背くことだと定義されることもあるが、その神とは自然と人間世界の支配者である。支配と被支配は人と人との関係について言われる言葉であって、太陽は地球を支配しているとは言わない。かくてキリスト教はあくまで人と人の関係にとどまろうとする。大は民族、国家間の戦争、支配と隷属から、同一共同体内での貧富、競争、正義、平等に及び、小は個人の間の愛と憎しみ、さまざまなトラブルまでが、その射程内にある。

罪をつきつめてゆくと、人間が元来動物の一種であることに由来する自己保存、自己主張の本能であるエゴイズムの問題に行きつく。あくまで人間的完全を希求するキリスト教は生物としての人間に足場を置くことをあきらめて、自然を否定し、観念だけの世界、天国に生きようと願う。理想の世界の支配者、最高善である神の栄光の世界から眺めると、人間の地上の生は罪そのものにちがいない。

そこで世界と自分を眺めわたした上で、人間は自然の一部だとあきらめるか、自然的生は過ぎ去るが天国は実在すると信ずるかが分かれ目となる。前者は仏教のとった路線であり、後者はキリスト教のそれである。

新約のユダヤ人をこのような夢想に駆り立てたのは常に大国の圧制の下に苦しんで来た彼ら民族の歴史であるにちがいない。われわれ日本人は幸いにして今次の敗戦まで他国への屈服を知らなかった。日本でキリスト教が伸びない一つの理由は、日本人が自然的生に満足しているからではないかと思う。大過なく一生を送り寿命がつきて死を迎える人が生物的生を超えた天国での永遠の生命を願わないように。彼らには仏教の自然法爾の方が似つかわしいのであろう。

善悪は時なり

非社会的宗教は律法、すなわち社会規範をどう考えるのか。

旧約の宗教のような社会宗教では究極の原理は人間によく似た人格神にある。その神の義の具体的な形が律法なのだから、社会規範の根拠については全く疑問の余地がない。しかし原始仏教のような非社会宗教においては、人間がその中で生きざるをえない世界、時代は外から与えられた運命ではあるが、人間の支配者ではない。そこから律法は出てこない。人間は社会の中で生きるために自ら律法をつくり上げざるを得ない。それぞれの社会は異なった規範をもち、それは時代とともに変化するだろう。

今までどの宗教も、地球上のすべての地方すべての時代の人間を支配する普遍的な規範があって、自分の教団が教える規範がそれだと主張してきたが、客観的にはその教団の置かれた国や時代の制約をまぬかれていないように見える。もしくは極めて抽象的、空想的な理想であって現実に適用できるようなものではない。

私の理解するところでは、仏教の教える空の思想の中には人間を拘束する規範はありえない。それは自然科学の描く自然世界の中に人間的価値の根拠が見出されないのとよく似ている。仏教の基本的な考えでは善悪は究極的な原理ではない。善悪はそれ自体が空であり、空は善悪を超える。

法（規範）は社会の中で生きざるをえない人間が生存のために作り上げたものであり、それは人間にとって必要不可欠のものであるが絶対的なものではない。人間にとって最終の原理は生存するということではないか。人間は生存の必要に従って、法を自由に作りかえるのである。現代では議会で次々に新しい法律がつくられ、それが施行されると今まで罪でなかった行為が罪になり、違反者は国家により裁かれることになる。その反対もおこっている。善悪はいくらでも新たに作られまた消えさるものである。

ユダヤ民族という一つの集団の中では「殺す勿れ」は十戒の一つであるが、神は一方では異教徒のみな殺しを命じている。それをひき継いだキリスト教会の内部でも神の愛、隣人愛が説かれるが、外に向かっては十字軍や異端撲滅が神の意志だとされる。これらは国家の場合と同じく集団の存続が第一義の要求だからである。クリスチャンは聖書が教える愛を無制限に拡張しようとする。それは元来は小集団の支配者であった神のテリトリーを無制限に拡大したいとする願望に見合っている。しかしそれは空想にすぎない。われわれの感情がそれについて行かないのである。

仏教思想の一例として道元禅師の正法眼蔵から気づいた箇所を引用しよう。私は正法眼蔵についてたいして知識があるわけではないがそんなに間違うことはないだろう。原文はわかりにくいから編者または著者の解説や現代語訳を引用した。

一、「仏法の上で、無明即法性、法性即無明と説くからと云って、善も悪も同じ事だという間違った考えを持つ者がいる。決してそのような邪見に陥ってはならない」。

これは『正法眼蔵抄々録』(佐久間寅之助編著、大法輪閣)からの引用である。『抄々録』は道元禅師の弟子詮慧の弟子経豪が、詮慧の『御聴書』に基づいて注釈した正法眼蔵の最初の注釈書だと言う。この文は「第一　現成公按」の注解文の中にある。だから道元自身の筆によるものではないが、道元がそれを認めたとして差し支えないと思う。正法眼蔵本文としては「第三十一　諸悪莫作」の中に、「古仏はいう、『悪い行いはしない。善い行いに励む。心を清浄に保つ。これが諸仏の教えである』」という言葉がある。道元は福井県の永平寺という教団をもっていたのでこの発言は当然である。「善も悪も同じ事」では教団は運営できないのだから。

二、「今ここに云う『諸悪』とは、善性・悪性・無記性のなかの悪性のことである。この悪性は本来的なもので、絶対の事実である。善性・無記性もまた本来的な絶対の事実である。しかも、それらの本体は本来清浄無垢であり、その現れ方はさまざまである」。

これは「第三十一　諸悪莫作」の中の文章である。ここで「無記性」とは善でも悪でもない中性を言う。悪も善もいずれも絶対の事実として本質的に同じであると言われている。この考え方は正法眼蔵のあらゆる所に述べられている禅宗の中心の教理であるが、前項と明らかに矛盾する。

三、「善悪は時によるが、時が善悪なのではない。善悪は事によるが、事が善悪なのでもない。事がひとしければ、善がひとしく、事がひとしければ、悪がひとしいだけである」。

これは『現代語訳　正法眼蔵　第一巻』(増谷文雄著、角川書店)の「諸悪莫作」の巻からの引用である。この前後を読むと、善悪は時と事によるが、その時、その事において「もろもろの悪を作すことなかれ」「もろもろの善を行え」というのが道元の主張であることがわかる。規範は絶対ではなく時と事によって変動するとしても、人はいつでもその規範を守らなければならない。

こういう主張を読むと、それではその属する社会の規範と異なった信念を抱く人はどうなるのか、今回の敗戦の後に掌を返すように民主主義に切り換えた人たちは正しいのか、互いに矛盾する規範が心の中でせめぎ合うときはどうなるのかと問われるであろう。しかし現実的に処理しなければならないさまざまなケースはキリスト教の場合でも同じであろう。

この第三項の主張は第一項と第二項の教えを満足させている。また極めて客観的に人間の現実を描写していて、これ以上筋の通った考え方はないように思える。

神の言

社会宗教は社会規範、善悪の区別を神が命じたものと考える。神の言は時代的変化、地域的多様さに無関係に、絶対的に正しいものである。

日本基督教団の信仰告白に言う。「我らは信じかつ告白す。旧新約聖書は、神の霊感によりて成り、キリストを証し、福音の真理を示し、教会の拠るべき唯一の正典なり。されば聖書は聖霊によりて、神につき、救ひにつきて、全き知識を我らに与ふる神の言にして、信仰と生活との誤りなき規範なり」。新約聖書が書かれたのは二〇〇〇年近く前のことであり、旧約聖書はそれより遡ること一五〇〇年くらい前からのユダヤ人の歴史を、五〇〇年くらい前にまとめて文書にしたものだと言われている。それがそのまま何らの修正もうけず、現代においても真理を示す文書であると告白されている。クリスチャンは人間の歴史というとき無意識に西洋人の歴史を思い浮かべる習慣であるらしいが、人間の歴史はそれよりも遥かに長い期間にわたり、遥かに広く多様であった。この一〇〇年くらいの間に先進国の人々の生活様式はひどく変わり、それに従って物の考え方、世界観がひどく変わったのであるが、教会はキリスト教の教えだけは不変だと主張している。それが不変であるのは「神の霊感によって成った」「神の言」であるからである。

神の言が不変であるのは、神が不変であると信じられていることと、神の意志を伝える媒体である言語が不変でありうることによる。それを記した石や紙が壊れることがあっても次々に転記してゆくことによって文書は永遠に元の形を維持できる。もちろん転記のとき変形されることはあるし、同じ言葉でもその解釈は時代とともに変わるのであるが、その時代時代の人々は自分流に解釈してそれが本来の意味だと主張するし、それで実際上問題はおこらない。

神は永遠で不変だと昔から考えられている。「イエス・キリストは、きのうも今日も、また永遠に変わることのない方です」（ヘブル一三8）。旧約の神は人間のように時には気まぐれで、何を考えているのか図りかねるところがあるが、それでもユダヤ人に律法を与えた。律法は建て前上不変である。永遠不変の神が人間に啓示する。「啓示とは自己を知らしめる神の行為なのである」（『キリスト教神学概論』佐藤敏夫著、新教出版社）。イエス・キリストが啓示だとも言われる。それは「永遠ガ時間ノナカニ突入シタ」（同上）事件である。このように啓示、聖書、神の義、律法は人間の側によらず神の側から与えられたものであるから不変だと考えられている。

その啓示ということだが、このように神の側から一方的に何かが啓示されたとすると、それを人間がどうして理解し、納得し、それに従おうという気になるだろうかという疑問が生じる。そういう異質のものは人間によって相手にされないということがおこりはしないのか。この疑問に対しては、神が人間を創造し、支配しているのであるから、人間にふさわしい啓示を与えるのだと説明すればいいだろう。しかしこの説明が正しいとすれば現代人が二〇〇〇年前の神の言を素直に受容できなくなっているのをみて、なぜ神は現代人にわかるような新しい言葉を与えないのかと問われるだろう。神はなぜそういう努力をしないのか。

私はこう考える。そもそも神が人間に何かを直接に語るということはありえないのである。私は『体制宗教としてのキリスト教』の中でこのことを主張した。その前に『旧約と新約の矛盾』の中で「外から訪れるもの」と題して論じた。これは哲学的に言えば「人間は先験的に自己の観念に閉じ込められている」ということである。

たとえ神がある人に「私は神である」と言って何かを語りかけたとしても、本人がそれを信じてそれに従って行動することは自由であるが、その人がそれを外部に公言して他人を従わせようとするとき、現代人は納得するであろうか。二〇〇〇年前のユダヤ社会の人々はそれを受け入れたかもしれないが、現代人はその人の特殊な思い込みとしか認めないであろう。人々が信じなければ啓示は啓示となりえない。

私の考えでは、神は二〇〇〇年前でも何も語らなかったのである。それでは神は律法を啓示しなかったのか。律法はある時代、ある地方の社会に自然に成立した規範だったのである。そういう規範が人間社会にどのように発生し、どのように社会に受け入れられるようになったのかということについて私には知識がないが、私の考えでは、どんな人間社会でも規範をもっているので、神信仰をもっているある種の社会では、その支配階級の祭司がそれを神の与えたものだと主張し、それを民衆が受け入れたのである。神信仰をもつ社会には必ず神の意志を受けとる特殊な能力を持つとされる祭司階級がいる。社会の秩序を維持するために彼らが必要と考えた規範を神が与えたものだと主張することは自然なことである。神は支配者、王であるのだから。人間社会に自然に発生した規範の上に神という透明なベールを被せ、神という権威を与えたものであるから、それが人間社会に妥当するのは当然なのである。

旧約を読むと、エリヤ、イザヤ、エレミヤなどの預言者たち以外にも多数の預言者と称する人々が活動していたと書かれている。当然その中の誰が真正の預言者であるかという争いがあった。そしてそれを決めたのはユダヤ人社会であって神ではなかったのである。

以上のように考えるならば、神の義というものもその内容は前項で紹介した道元禅師の言葉「善悪は時なり」という考え方によるものと本質的な違いはない。旧新約聖書がユダヤ人の手を離れてギリシャ人、ローマ人、後に北方のゲルマン人などに受け入れられ適合してきたのは、彼らもユダヤ人もたいして違わなかったからである。

「無条件のゆるし」について

人間社会に法律や道徳がなくてもよいとはどうしても考えられない。「無条件のゆるし」の思想はそれらを無効にしてしまうように思える。しかしそれを主張する人の書いたものを読むとなるほどと思える所がある。どこが問題なのか。

イエスはユダヤ社会の人であって、神の義の支配を信じていたのだと思う。彼はパリサイ派の教える律法を守らなくてもよいと主張したのであるが、それでは律法などなくてもよい、好きなように生きるがよい、「人の子は安息日の主なのである」（マタイ一二8）からと教えたかというとそうではない。イエスは逆に極端に厳しい、普通の人にはとうてい実行できない高度の道徳を要求している。われわれは自分の心の中に湧き起こる促しに従って行動すればイエスの教えに合致することはありえないのであるから、結局クリスチャンにとってイエスの教えは新しい律法となるはずである。

イエスの要求に合わない人は「人一倍厳しい裁きを受けることになる」（マルコ一二40）とイエス自身が教えているのだから、私の主張が正しいわけである。

しかし、イエスは無条件のゆるしを教えたのだと主張する人がいる。私の教会の牧師もそう説教する。神は無条件に罪をゆるすのだと。この言葉は文字通りにとれば、律法を全く無効にし、無用にするものであり、何をしても罰せられない、何をしてもいいのだという意味になる。だが、泥棒してもいい、人殺しをしてもいい、神様はあなたをゆるすのだからなどという教えがあるわけがないのである。

無条件のゆるしが語られるときは、それに前提されている条件が本当はあると考えねばならない。と言うのは、もともと「ゆるし」という言葉は処罰を前提とした言葉であって、無条件のゆるしとはゆるすときに条件をつけないという意味である。条件をつけるにしてもつけないにしても、いずれにしてもゆるすかゆるさないかという議論は、神の義とそれによる処罰ということが前提されてのことである。その条件とは何かというと行為をもって償うということであろう。すなわち贖罪である。「目には目を、歯には歯を」もって償わねばならないし、借金は返さねばならないのである。無条件のゆるしとはその償いなしに神はゆるすという意味である。それが神の愛、恩寵であり、「信仰によって義とされる」ということである。

ここまで考えてくると、無条件のゆるしとは、何のことはない「信仰による義認」のことではないか。それだったらクリスチャンは誰でも知っている、改めて言われるまでもないではないか。もちろん、ゆるされるには「信仰」という条件が必要なので、信仰ということの中には悔い改めも含まれていると普通考えられている。悔い改めという条件によってゆるしがあるというのが教会の正統的な教えであることは確かであろう。

以上でこの問題は片づいたかというと、どうもそうではないらしい。そこで無条件のゆるしの説を主張している本について検討してみよう。

青野太潮著『どう読むか、聖書』（朝日選書）という本がある。五年前に出版されてかなり売れたらしい。著者は現在五七歳、聖書学者として知られていて、西南学院大学神学部長。この本は無条件のゆるしを強調している。これ以外にも同様の主張をした本があると思うが、今手もとにあるこの本について私の所見を述べよう。以下断わりのない引用はすべてこの本からである。

「イエスが語った福音、すなわち、すべての人間は有限な罪人であり、一瞬たりとも神のごとき絶対性を主張することはできないのだが、しかしそのような人間こそが神の愛によって無条件に受容され、ゆるされているのだ、という福音」。「イエスの語った神の無条件で徹底的なゆるしの宣言は、その対象となっている人間がゆるされるべき存在であること、否、ゆるされなければ存在しえない存在であること、すなわち罪深く、誤りに満ちた存在であることを前提としているからである……」。

以上の無条件のゆるしのイエスの言葉としてよく引き合いに出されるのが次の箇所である。「父は悪人にも善人にも太陽を昇らせ、正しい者にも正しくない者にも雨を降らせてくださるからである」（マタイ五45）。ここは「ルカ六27 28、32―36」に平行箇所があると新共同訳聖書に記してある。マタイもルカも「敵を愛しなさい」という教えであって、その教えを説得する材料としてこの言葉が使われているのだが、ルカにはなくマタイにだけある。

以上を分析してそれぞれの論理の筋道をたどってみよう。

その前に言葉について一言。「ゆるし」「義認」「受容」とはどういう意味なのか注意しないと混乱するおそれがある。ゆるしは最も狭い意味では「処罰しない」ことであろう。イエスが姦淫の女に「あなたを罰しない」と言う場合である。処罰されないが罪はまだ残っているかもしれないのである。一般にゆるしは罪が消えるということだろう。神が「あなたの罪をゆるす」と言うときはこの意味であろう。罪が消えるということはその罪を犯す前に戻ることであろうから、その人そのものが神に「義とされる」ことと同じではあるまい。その上「義とする」はパウロの言葉でも新生や聖化の意味に使われるらしい。しかし普通、「ゆるす」は「義とされる」と同じ意味に使われるらしい。「しかし、主イエス・キリストの名とわたしたちの神の霊によって洗われ、聖なる者とされ、義とされています」(コリントⅠ六11)。

物の本を読んでも、「信仰義認論」には、カトリック、ルター、ルター以後の神学者たちの間にさまざまな解釈があるらしい。私の知識ではとうていつきあい切れないが、いろいろな使い方があることは注意しておきたい。著者の使い方にもある幅があるらしい。

たとえば、罪を犯したとき神が処罰しないことは支配者の行為として納得がゆくけれど、神が罪を消してしまっては義はどうなるのかと言いたくなる。それは結局神自身が自らの設定した義を否定することになるだろう。私は『体制宗教としてのキリスト教』（社会評論社）の「新約の宗教の変質」の中で「信仰による義認の教えは罪の肯定」だと書いた。

聖書的根拠

先の引用に「イエスが語った福音……そのような人間こそが神の愛によって無条件に受容され、ゆるされているのだという福音」とあるから、この「無条件のゆるし」という思想はイエスが説いた教えであると著者は考えていることがわかる。この思想はどこから来たのかと問われるならば、著者はこのように答えるだろう。イエスの福音は新約聖書に記されていて、それ以外のどこにも書かれていないのだから、無条件のゆるしは新約聖書に根拠をもつと明瞭に言われていることになる。「そして、このイエスのとらえ方を継承したパウロもまた、不信心で神なき者が、ただ、そのような者をそのままで義とする神を受容する信仰のみによって義《ただ》しい者と認められるのだという、いわゆる彼の『信仰義認論』を展開することによって……」とある所をみると、著者はパウロもイエスと同じく無条件のゆるしを語っていると見なしていることがわかる。ここで著者は無条件のゆるしは信仰義認論と同じだとしているらしいが、先に述べたようにそれは問題である。

ここで先に私が書いた「信仰ということの中には悔い改めも含まれている」という所はもっと説明が必要だろう。ある神を信じている人がたまたま罪を犯した場合は悔い改めをすることが赦しの条件になる。旧約では贖罪の手続きが定められていたのだから、無条件ということはなかった。カトリックには昔は贖罪規定書があった。『体制宗教としてのキリスト教』（社会評論社）の「旧約の罪と新約の罪」の章でそのことを書いた。ここでも無条件ではない。今は告解で神父に告白すればよいらしいが本当のことは知らない。それにしても告解という手続きは必要なので無条件ではない。プロテスタントには贖罪の手続きがないので無条件にならざるを得ない。宣教師の教会では会衆の前で罪を告白させるということを聞いたことがある。私の教会の信徒は毎日個人的に自分の罪をあげてゆるしを祈る人がいるのかどうか知らない。教会で意見の違いのため争いがあるときは、誰も自分が正しいと信じているので罪を犯したとは思っていないのだろう。

パウロが異邦人伝道したとき、ユダヤ人の場合は父なる神を信じているのだから微妙だが、ギリシャ人の場合はユダヤ人の神を全く知らないのだから、そこからまず始めなければならなかった。著者の言い方だと、「不信心で神なき者」は「義とする神を受容」しなければ救われないのである。信仰とはまずキリスト教の神を信ずることが条件である。織田信長がある戦国の武将に、自分の傘下に入れば今までの敵対行為をすべてゆるすと言うときと同じである。信仰とは、その神の主権を認め、服従するという意味である。その上で今までの悪しき行為を悔い改めるという順序になる。日本で牧師が「無条件のゆるし」を語るときはまずキリスト教の神を信ずるという条件が必ずある。それがなければ伝道の必要もない。

父は悪人にも善人にも太陽を昇らせ

まずイエスのこの言葉について考えよう。ここでイエスが語っているのは太陽や雨が善人も悪人も区別しないということである。このことは現代のわれわれの自然科学的思想では当然のことである。自然現象は人間社会の道徳とは無関係である。しかしここは「天の父は」とあるのだし、語っているのはユダヤ人イエスである。旧約のユダヤ人社会では、人格神が人間のために自然の運行を操作するのは当然のことだとされている。天の父は善人に利益をもたらし悪人に害をもたらすのが当然である。しかし考えてみると、太陽はすべての人に一斉に照るし、雨も同じことで、善人、悪人の一人一人を区別することはできないのだから、このときは無差別にやらざるを得ないわけである。だが天の父は全く処罰しないということはないはずだから、悪人を病気にしたり、貧乏にしたり、事故にあわせたり、殺してしまったりするだろう。もし天の父が全く悪人を処罰しないとしたら、それは神の義の否定であるわけだから、イエスがそんなことを考えるわけもない。イエスは一方で神の裁きについて厳しい警告を発しているのだから。ではここでイエスは何を言いたかったのか。

この聖書の箇所は、新共同訳では「敵を愛しなさい」という小見出しがついている。だが、神が善人も悪人も同じに扱うことが、敵を愛することの模範となるという考えは筋が違うのではないか。敵は自分と意見が違い利害を異にする人々ではあるが、善人かもしれないし悪人かもしれない。敵という概念は善悪とは本来関係がない。人はいつでも自分が正しいと考えたいし、敵は悪人だと考えたいのはわかるが、冷静に考えれば、敵味方と善悪とは別種の概念である。マタイのこの箇所の終わりは、「あなたがたの天の父が完全であられるように、あなたがたも完全な者となりなさい」となっている。人間が他人を愛することにおいて完全になりなさいというのはわかるが、善人も悪人も同じに扱うのが神の完全さなどというのは全く理解できない。そんな教えに従ったら社会は崩壊してしまうだろう。おそらくこの無差別のゆるしの言葉は元来ここに入るはずはなかったのに混入したのであろう。

念のために手もとにある『失われた福音書』(バートン・L・マック著、秦剛平訳、青土社)をみてみた。この中でQ資料のうち最古層とされているものの中にこの言葉がある。「しかし、おまえたちは、敵を愛し、よいことを行い、何も期待しないで貸してやれ。そうすれば、おまえたちの受ける報酬は大きく、おまえたちは神の子らとなる。なぜならその方(神)は、邪しまな人間の上にも善良な人間の上にも太陽を昇らせ、正しい者の上にも正しくない者の上にも雨をお降らせになるからだ」。神が邪しまな人間を認めているのに人間はよいことを行わなければならないという教えは何とも奇妙だが、それはおいて、これを見ると、敵と邪しまな人間を全く同じと考えるのは昔からそうらしい。敵は悪人であることに決まっていて、敵を愛することと悪人をゆるすことは同義だと考えられているらしい。

そこで「敵を愛すること」と「無条件のゆるし」が同義であるかどうかの議論は一応打ち切って、とにかくイエスがこう言っていることを認めた上で話を進めよう。神が悪人と善人を同じに扱う考えをもっていること、神は悪人の罪を無条件にゆるすこと、またここで悪人は自分の悪を自己批判したり悔い改めたりしたとは書かれていないのだから、そういう条件なしに神は悪人と善人とを全く同じに扱うのだとイエスが教えていること、などを認めることにしよう。しかし、以上の話は、私の考えでは、今の議論に適当でないと思うので、以下ではとり上げないことにする。

規範がなければゆるしはない

ここでは律法という言葉を使わないことにする。律法というと旧約の律法のことになり現代においては、それは歴史上の特殊な社会の規範であって、一般的な議論にはふさわしくない。「イエスはむしろ、『殺人』や『姦淫』などは自分には全く関係ありません、と思い込んでいる敬虔な人々に向かって、本当にそうなのか、あなたの心の奥底深くまでじっと見つめたときに、なおもあなたはそう言うことができるのか、と鋭く問いかけている」とあるような場合の規範は旧約の律法とは全く似つかわしくない新しい視点をもっている。そこで規範という言葉を使うことにする。規範は法律と道徳を含む。

「人間は有限な罪人であり」、「人間がゆるされるべき存在であること、否、ゆるされなければ存在しえない存在であること、すなわち罪深く、誤りに満ちた存在であることを前提として」、「イエスの語った神の無条件で徹底的なゆるしの宣言」があると著者は言う。罪を認めることは規範とそれからの違反を認めることである。ヨハネによる福音書七章の有名な「姦淫を犯した女」の話のところで著者は「つまり、『姦淫』は『罪』なのであって、決してイエスはそれをそのままにしておいてよいとは考えていないのである」と書いている。「ぶどう園の日雇い労働者の譬話」で一時間しか働かなかった人が「申し訳ない、もったいない、との感謝の思い」が湧いてくるのは、一日分の給料は本来一日働いた人に与えられるべきものであり、それが律法であることを承知しているからではないか。

以上からわかるように、著者は規範をはっきり認めている。論理的にも規範があるから罪があり、人間が誤りに満ちた存在であると言えるのである。ゆるすという言葉は裁きを前提としている。このことはこの問題を考えるときの第一の原則である。

無条件のゆるしは律法に先んずるか

著者は「マタイによる福音書」二〇章の「ぶどう園の日雇い労働者の譬話」をとりあげて、一時間しか働かなかった人、すなわち取税人や遊女などの罪人たちが他の人たちと全く同等の扱いをうけ、一日分の給料を与えられるとき、彼らは感謝の思いに満たされて、この主人の好意にこたえる形で一所懸命働こうと思うだろうと言い、「実はこれこそが、イエスの語った『福音』と『律法』との関係なのである。そこでは前者すなわち『福音』が先行しているのであって、後者すなわち『律法』が満たされたときに初めて『福音』が与えられるというのでは決してないのである」と言う。果してそうであろうか。

これまでの議論では私は、無条件のゆるしは律法に先んずることはないと主張した。社会に満ち渡っている規範があり、罪の意識があって、その上でその中に生きる人に対してゆるしがあるのであって、規範のない所にはゆるしもまた論理的にありえないのである。

姦淫を犯した女性に「わたしもあなたを罰しない」とのイエスの語りかけが女性を立ち直らせるとしたら、それは女性に前もって罪の意識があるからである。罪の意識はその女性だけでなく、その場にいるすべての人々が共有している。「あなたがたの中で罪のない者が」と呼びかけられた人々の反応をみるとそれがよくわかる。

子供の手にかみついた動物園の虎にお前の罪はゆるされたと言う人はいない。躾のまだできていない幼児のいたずらに、お前はゆるされていると言っても何のことか理解できまい。幼児はいたずらしても構わないと思うだけのことである。いたずらを止めるには幼児を叱って、それが規範の違反であることを身体にしみ込ませる必要がある。神戸の殺人事件の一四歳の少年に対してなすべきことは、殺人が悪であること、彼は罪を犯したのだということを了解させ、罪の意識をもたせることであろう。少年の心の中に社会規範がどういう形で潜んでいるか私にはわからないのであるが、おそらく事件の直後、お前はゆるされているのだと告げれば、彼はそれならばすぐ釈放してくれと言うだろう。人間の心の中に、生まれたとき本能のように自動的に良心が植えつけられているとする説もありうるだろうが、動物行動学者ローレンツの書物などを読むと、生後の「刷り込み」が必要であるらしい。「刷り込み」とは人が生まれた後に脳のコンピュータに規範をインプットすることである。

以上のように、無条件のゆるしは「ゆるし」であるから、人の心に規範が植えつけられ、それからの違反があることを前提としていることは間違いない。前項で第一の原則と書いた通りである。

それでは著者の主張と私の主張とはどこで喰違っているのだろうか。最初に引用した著者の言葉に、「『律法』が満たされたときに初めて『福音』が与えられるというのでは決してない」とある。ここで著者は「律法」がないとは言っていない。「律法が満たされたとき」福音が与えられるのではないと言っている。律法は人々の心の中にあるのだが、ある人々はそれを実行していない。すなわちその人々においては「律法は満たされていない」のである。律法を承知しているが実行していない人々に福音が与えられると著者は言うのである。すなわち「無条件のゆるし」は律法に先んずることはないけれど、「律法の実践に先んずるものだ」と著者は言っている。

無条件のゆるしは悔い改めに先んずるか

著者の主張の眼目はここにある。その箇所を引用する。

「その神を信ずる信仰とはそれゆえに、『働き』や『行い』と同列に論じられるような能動的な行為ではなく、ただ不信心な者を無条件に義としてくれる神を受け入れるという、『受容』としての信仰なのである。この『無条件』ということが決定的に重要である。……彼がゆるされ義とされたのは、彼が罪を告白し、悔い改めたからだ、という考え方がまだ残っているようにも思われるが、パウロの理解においてはそうではない。むしろ、まず『不信心な者をそのままで義とする神』がおられ、それがゆえにこそ、その神を受け入れつつ、悔い改めるのである」。「つまりここでも、神の国の福音が先行しているのであり、それゆえに、それを受容するという意味での『悔い改め』をするのである。『悔い改め』をしたから罪がゆるされる、というのではなく、罪がゆるされているからこそ『悔い改め』をするのである」。

著者は「悔い改め」と「ゆるし」の人間心理について次のように述べている。「この関係を、二〇世紀最大の聖書学者といわれるドイツのルドルフ・ブルトマンは、次のように簡潔に、しかも的確に言い表している。『あなたはあなたがすでにそうである者になりなさい』、『すでにそうである者』とは、『すでに神に愛され、ゆるされ、義とされている者』のことであり、『その者になる』とはそれを受け入れることである。皮相な論理からすれば、これは言葉の矛盾である。なぜならば、もし人がすでにそうであるのならば、その人はそのようになる必要は全くないはずだからである」。「この関係を、さきにもふれた聖書学者のルドルフ・ブルトマンは、『直説法に基礎づけられない命令法はないし、また命令法と結びついていない直説法はない』と表現している。『直説法』とは、『……である』と言い切る語法で、仮定法でも接続法でも命令法でもない。『あなたはすでにゆるされているのだ。愛されているのだ』と語られる福音、それがこの『直説法』という言い方によって言い表されている。その福音に基づいて初めて、『あなたはこうすべきだ、あるいはすべきでない』という命令法が語られるのである」。

以上の著者の主張はどう受けとるべきであろうか。悔い改めるとは今までの悪しき行為を改めて善行をすること、すなわち律法の実践をするようになることを意味するから、「無条件のゆるしは律法の実践に先んずる」と「無条件のゆるしは悔い改めに先んずる」とは同義と考えてよいだろう。

しかし先にいわゆる「少年A」のことを述べたが、この少年が罪を認めない前に既にゆるされているとしてよいであろうか。毎日の新聞はさまざまな殺人事件を報じているのだが、その犯人たちはそのまま無条件にゆるされているのであろうか。そうだと言う人は世の中に一人もいないだろう。

モーセ五書には「主が言われた」という記述がたびたび出てくるが、それと同じように神が「無条件にすべての罪をゆるす」と言ったと解釈したら、それは律法と同一レベルの意志表示であるから、律法がすべて無効であると受けとる以外の解釈はあるまい。ヨーロッパ中世のキリスト教異端の歴史を読むと、実際にそれに近い主張をするグループがあったらしい。われわれは霊において自由である、いかなることもゆるされるのだと言って放埓無軌道な生活をした人々がいたと言う。おそらくそういうグループは当時の社会から禁圧されて終わっただろう。正常な社会はなんらかの律法を否定できないのであるから、これは当然である。

以上の考察から言えることは、律法、社会規範もしくは神の言明としての無条件のゆるしということはありえないということである。それでは社会規範そのものが無効となる。そういう社会がありえないことは確かである。無条件のゆるしが悔い改めに先んずるとしても、それは規範、または神の公式の言明、意志表示ではない何ものかとしてである。

二種類のゆるし

人と人との関係で人が罪をゆるすということはあるけれど、罪は本来神との関係で言われることで、罪人を処罰することもゆるすことも神が直接人に対してなす行為である。神が人間に向かってあなたの罪をゆるすと言えばその人の罪は直ちに消えるのである。

旧約には神が定めた贖罪のシステムがあり、カトリック教会にも類似のシステムがあったし、今でも何らかそれに近いものがあるらしいが、その条件を満たせば罪は神からゆるされるのである。贖罪には一定の苦痛という代償が伴う。人間はそれによりゆるされるが、人間に苦痛を課することにより神は自らの定めた義の要求を幾分かは満足させられるし、一方で人間に回復の機会を与えることにより愛を示すのである。

先にプロテスタントには贖罪のシステムがなく、ゆるしは無条件になると書いたけれど、正統派の教理では、神が独り子であるイエスの十字架上の死という代償によって自らの義の要求を満たし、それを信ずることにより人間は贖罪の苦痛、代償を払うことなく罪をゆるされる。そこで神の義とゆるしのバランスがとれるわけである。この教理には神が自分自身を別のものとして殺したり、神が死んだりなど理屈にあわない所があるけれど、それはともかく、この理論により神の義と愛との両方が満たされることになる。

しかるに今論じている著者の主張は、十字架の贖罪、代償なしに神が無条件に人間の罪をゆるすというのである。イエスは生前は十字架にかかっていないわけだから、イエスが姦淫の女にゆるすというときは代償なしの無条件である。クリスチャンはイエスを神だと信ずるから、神は無条件で罪をゆるしたことになる。これが著者の主張の聖書的根拠である。

十字架の贖罪なしのゆるし

これについて裏付けの引用をしておこう。

教会でも無条件のゆるしが説かれることがあるが、もちろん十字架の贖罪を前提としてである。十字架で既に人間の罪がゆるされているので、信徒は改めて何もせずに、ただそれを信ずるだけで無条件にゆるされると言われる。同様にして「人はゆるされなければ存在しえない存在である」と言われることがある。しかし十字架の贖罪の条件付きだと、イエスが亡くなる前の時代の人や異教徒はゆるされる手段がないわけで、皆死に絶えて誰も生きていないことになろう。「生前のイエスが神のゆるしを宣言した人々や、パウロが神の義認を宣言した旧約の人々は、イエスの死だけが人間の救いにとって決定的な意義を持っていたのだと考える限り、その救いからは排除されているのか、あるいはその時点ではまだ不完全な形の救いしか与えられていなかったということになるのであろうか……」。

このあたりの文章は著者の年来の主張であるらしくなかなか興味深いのであるが、一部を引用しておこう。「(パウロが)単数でしか『罪』を語らないということは、そこでは『罪』が、ひとつ、ふたつ、というふうには数えあげることが決してできないもの、つまりそれ以上には分割することが全くできないような、人間の根源的な倒錯、つまり自分がゆるされなくては存在できない者であることを受容せずに自らの力だけに依り頼んで、無条件のゆるしを宣言してくれている超越的な存在を認めずに、あるいは認めたとしてもその超越者の判断を自らの力で左右させることができるかのように考える傲慢さ、つまり、本来あるべきあり方から『的をはずしている』状態、として理解されていることを意味している。それに対して、『罪』を複数で語りうる伝統的な贖罪論においては、罪とは律法違反の罪を指しており、その罪の贖いのためには何らかの代償が必要なのだ、と考えられている。そしてその決定的な代償として、神の子イエス・キリストの十字架上の血は理解されたのである。しかし、そもそも律法に対して批判的なパウロが、その律法に対する違反を重視した上で、その贖いのためにイエスの十字架上の血が必然であったのだというような考え方を、積極的に展開するはずは論理的にありえないし、事実そのようには全くしていないのである」。

この考え方が「神は、終始一貫、太初の昔から、この不信心な者を愛し、ゆるし、義とする神であり続けているのであり」という主張につながるのである。この言い方だと、ゆるしということは本質的にはイエスともパウロとも、キリスト教とも関係がなくそれらより以前のもので、それがあるときイエスやパウロの形で姿を現したということになる。

イエスの十字架に罪のゆるしの根拠をおけばそれ以前の人に救いはないことになる。ユダヤ・キリスト教の神に救いを求めれば、その神を信じない世界の人々には救いはないことになる。この疑問に対する答えがキリスト教側にないわけではない。救済史という考え方によれば、神は歴史の進展の中で漸次救済を実行されるわけだから落ちこぼれは当然のことである。予定説というものもある。神が救う人と滅ぼす人を予め定めているという考えである。著者は救済は普遍的でなければならないと決めている。ここまで話が進むと、ではゆるされるとどうなるのか、ゆるされないとどうなるのか問われるであろう。救済とは何ぞやの議論になる。それは今のテーマを超えるのでこれ以上は考えないことにする。

ゆるされなければ存在しえない

「イエスの語った神の無条件で徹底的なゆるしの宣言は、その対象となっている人間がゆるさるべき存在であること、否、ゆるされなければ存在しえない存在であること、すなわち罪深く、誤りに満ちた存在であることを前提としているからであり……」。

これは聖書が絶対無謬の文書であるはずがないことを述べた文章の一部で、無条件のゆるしの前提はこうだと改めて主張したものではない。案外本音をあかしているのかもしれないし、この問題を解く手がかりになるだろう。

まず、人間が罪深く誤りに満ちた存在であることについては異論がない。恐らく誰でも物を考える人はこのことを認めるだろう。問題はそれが「ゆるされなければ存在しえない」ほど深刻なものかどうかということである。「ゆるされなければ」は神の裁きを含意している。人間の存在を自由に操作する力をもった全能の神がいて、その神から滅亡させられて当然なほどに罪深いという意味である。

この言葉の第一のポイントは、人間の生殺与奪の権をもつ全能の神の支配という観念である。昔から日本人は、人間は他の動物と同じように地上に生まれ出て、自然の中で生かされていると考えていて、それらすべてを全能の神が支配していると考えたことはない。このユダヤ・キリスト教的神の観念は日本人には全く異質のものである。

第二のポイントは人間が滅されて当然なほどに罪深いかという点である。旧約聖書は律法がさずけられたのは神の恵みだと記していると言う。いくつかの部族が集合して一つとなるためには、君主に相当する一人の支配者がなければならない。第一戒はそういう意味のものである。ヤーウェは集団の統合の中心である。十戒の残りは、集団内部の規範である。それを守ることで集団は一つの国家として他国に対抗する力をもつのである。律法は元来ほとんどの人々にとって実行可能であるはずである。違反者が続出するような規則は現実に合うように改正されるはずである。だから律法はもともと決して神の裁きを招くためのものではない。律法に照らして、人々が滅亡するほどの裁きにあうなどということはありえない。

それではユダヤ人はいつからそれほど罪深くなったのか。この書物の中で著者はイエスについて語っているのであるが、「人」と言うとき、ユダヤ人ではなく人類全体を頭に描いているらしい。「神は、終始一貫、太初の昔から、この不信心な者を愛し、ゆるし、……」と言われている所から見ると、人間は太初の昔から滅亡させられて当然なほど罪深かったのだろうか。

人間は確かに悪いこともしたが善良な人もいた。殺し合いをしたが次々に子孫を生んで今に至るまで存続して来ている。律法の所で述べたように通常の社会が定める規範はその社会の現実に適合している。「存在しえない」とは簡単に言えば「死刑」ということだが、どの社会もすべての人を死刑にできるわけがない。というわけで「ゆるされなければ存在しえない」ような社会規範は実社会の中から出てくることはない。それは社会の外から与えられた、実行不可能なレベルの高い道徳以外のものではあり得ない。イエスの「反対命題」はそういうものだが、著者は「しかしここで誤ってはならないのは、イエスはこれらのことばによってその実行を迫っているのではないのだ、ということである」と言う。しかし「実行を迫られていない」規準で裁かれることはあるまい。

著者はそう言いながら本当はこの反対命題のような道徳基準に立って神が人を裁くものと考えているのではないか。それ以外に「ゆるされなければ存在しえない」ような規範は想像できない。律法は行為を規制するものだが、上記のように人が生きて行けないような律法はありえない。イエスの反対命題は心情を規制し、極端に厳格な道徳によって人を裁こうとする。パウロは「たとえば、律法が『むさぼるな』と言わなかったら、わたしはむさぼりを知らなかったでしょう。ところが、罪は掟によって機会を得、あらゆる種類のむさぼりをわたしの内に起こしました」（ローマ七7 8）と言う。律法と言うのは申命記五章の十戒のことであろう。「あなたは隣人の妻を欲してはならない。隣人の家、畑、男女の奴隷、牛、ろばなど、隣人のものを一切欲しがってはならない」（五21）。これは律法であるから具体的な行為を戒めている。隣人の妻に手を出す、隣人のものを盗む、買い取ることを禁じているので、心の中でどう考え、感じていても一切関係がない。パウロはこれを拡張解釈して心情に罪を認め規制しようとしている。

著者は神が心情の完全さを求めて人を裁き死に至らしめるものと信じているらしい。これはパウロの「罪が支払う報酬は死です」（ローマ六23）と同じである。私は『体制宗教としてのキリスト教』の中の「旧約の罪と新約の罪」の章でこのことを論じた。新約は心情内の宗教なのである。

もし人が厳しい道徳によって心情を裁かれ死に至るという前提が成立しないとすれば、私にはこの前提は空想だとしか思えないのだが、無条件のゆるしも必要ないことになるのだろうか。逆にもし裁きが本当だとすれば、ゆるしがなければ人間は皆死んでしまっているはずだから、今生きているということは無条件のゆるしがあることの証拠にはなる理屈だが、そんなことが信じられるだろうか。

無条件のゆるしは心の中のことである

イエスは罪ある人々に無条件のゆるしを呼びかける。その人たちはまだ悔い改めていないのだから、この呼びかけは贈与の申し出のようなものである。例えばある人が私に無償で一億円を贈与すると申し出たとする。私はそれを受け取ることも、変な話だと疑って断ることもできる。それを受けとらなくても裁きをうけることはない。しかし受けとらなければ一億円は私のものにはならない。無条件のゆるしはこれと同じような神の申し出だというのが私の解釈である。

では誰でもその申し出を受けとればいいではないかと言うだろうが、神が無条件のゆるしを与えるという話を誰もが知っているわけではないし、知っていても本当かどうかと信用しない人もいるだろう。イエスの十字架の贖罪を教えこまれている人は「無条件」は疑わしいと思うだろう。

さて、私がそれを受容したとしよう。受容したことは私だけしか知らない。私はそれを受容したので罪をゆるされたと信じているのだが、他人にはそれを確認する手段がない。私がそれを公表しても、私が嘘をついていると人々は思うかもしれない。この「無条件のゆるし」は客観性をもたないのである。私が人を殺したとして、私が公開の場所で「私は確かに人を殺して罪を犯したのだが、私は神の無条件のゆるしを受け入れて、私の罪はゆるされている。あなたがたは私を裁くことはできない。罪を裁くことのできるのは神だけであるから」と述べたとするとどうなるか。人々はそうですかとは言わないだろう。もし承知したとしたら、人を殺しても私のように裁きをうけなくてすむことを知った人は誰でも私の真似をするだろう。貧乏な私が一億円を受けとったと言明しても、私が現金を見せるか貯金通帳を見せなければ、私が本当に一億円もっているかどうか疑うだろう。「ゆるし」の場合、すべては私の心の中のことだから、私は人々に証明するための証拠として現金や通帳を見せることができない。人々は私の主張は放っておいて、私の身体を拘束して裁判にかけるだろう。社会はそれ以外に秩序を保つ方法がない。以上述べた事情は、パウロの信仰義認論でも十字架の贖罪の信仰でも同じである。

ただし、旧約の贖罪システムは定められた手続きに従って神殿において祭司の前で行われる儀式でなければならないし、カトリックの贖罪規定書は裁判の一部である。告解にしても教会に出向いて神父に対してなされなければならない。いずれも社会的に承認された手順に従わなければ有効でないことになっている。プロテスタントの場合は洗礼という儀式があるけれど、プロテスタントの教理では洗礼は信仰によって義とされた後での儀式である。ゆるしそのものは心の中での事であるから、もしその人が洗礼を受けようとしなかったら、ゆるされたかどうかは誰にもわからない。パウロは「口でイエスは主であると公に言い表し、心で神がイエスを死者の中から復活させられたと信じるなら、あなたは救われるからです。実に、人は心で信じて義とされ、口で公に言い表して救われるのです」（ローマ一〇9 10）と言っている。この文章だと義とされることと救われることは別のことであるらしい。パウロの望みは人々が神に義とされることだけでなく教会を設立することだったことがわかる。私は今までこれの説明を聞いたことがない。もっともこの字面だけでは「公」は教会でなくて無教会の集会でもよいことになるけれど。

以上のように「ゆるし」が全く主観的な事柄であるのは、信仰も主観的なことであるからであるが、その元は神が目に見えない存在であることによるものであろう。生きている教祖の下ではこうはいかない。だからいろいろな解釈の自由がありうるわけだが。

再び著者の主張を

これまでの所で私は著者の説を否定したのだが、恐らくこの信仰は著者が長い間考えつくし、論争し、煮詰めてきたものであろうから、私の説をただ提示しただけでは解決にならないものと思う。どこが違うか、決定的な相違点を明らかにしなければならない。

その前にもう一度著者の議論を、私のコメントを交えながら確認しておこう。

著者の主張を一言で表せば「あなたは既にゆるされているのだ」といえるだろう。そのことを著者はブルトマンの言葉を引用して述べている。「あなたはあなたがすでにそうである者になりなさい」。ブルトマンの別の表現「直説法」という言葉も同じ意味である。別の所で著者はヨハネによる福音書八章の姦淫を犯した女性の話について言う。「それは決して、『今後はもう罪を犯さないように。そうすればわたしはあなたをゆるそう』という条件つきで語られているのではなく、むしろ『わたしもあなたを罰しない』、つまり『あなたはゆるされているのだ』ということばに継続するものとして初めて、語られているのである」。この物語の中でこの女性は初めから終わりまで一度も自分の罪を告白していないし、罪のゆるしを乞うこともしていない。ただイエスに対して「主よ」と言っている。この女性はイエスがどういう人か知っていた。ヨハネによる福音書ではイエスは神そのものとして語られているのだが。

著者はまた「神の国は近づいた」（マルコ一15）について言う。「この『近づいた』と訳出されている動詞はギリシャ語の現在完了形で語られているので、その意味はただ単に『近づいた』ということ以上の、『時は満ちた』に匹敵する『神の国の到来とその現臨』を意味しているととるべきである」。「つまりここでも、神の国の福音が先行しているのであり、それゆえに、それを受容するという意味での『悔い改め』をするのである。『悔い改め』をしたから罪がゆるされる、というのではなく、罪がゆるされているからこそ『悔い改め』をするのである」。

ここで「既に罪がゆるされている」という言い方が問題であろう。著者は「皮相な論理からすれば、これは言葉の矛盾である。なぜならば、もし人がすでにそうであるならば、その人はそのようになる必要は全くないはずだからである」と解説して最後に人間関係を例証して、「すでに存在している関係が真実なものになっていかないことには、その関係は十全の形で成就されてはいないのである」と言う。こういう言い方は仏教で「すべての人は仏である」とか「衆生本来仏なり」とか言われるのに似ている。「すでに存在している関係」すなわち現在の人々の姿は衆生と呼ばれるものであり、それは「既にゆるされて」いて仏であるのだが、それでいてなお「真実なものになり」「十全な形で成就され」なければならないと言われる。すぐにわかるように、ここで「真実な」「本来」というのが言葉の魔術である。現実的には「そうである」と言うのは求道者にとっては外から言われた宣言であってただいまでは彼のものではない。

　すなわちここで信徒の側に心理的転換が要求されている。転換がおこり、受容がおこるまでは、何と言おうと、宣言された状態は理想、目標、そうあるべきはずのもの、これから獲得されるべきものにとどまるのである。「神は、終始一貫、太初の昔から、この不信心な者を愛し、ゆるし、義とする神であり続けいるのであり」と言われるが、太初の昔から人間がそれを受容してこなかったのも事実なのである。「あなたは既にゆるされているのだ」という命題はある理想的な状態として提示されたもので、人々の現実をうつすものではないし、また人々がそれに則って行動すべき規範でもない。このように言われている当の人がゆるされていることを承知しているのだったら、このように言う必要は全くないのだから。

あなたは既にゆるされている

このゆるしの宣言をどう解釈すべきか。その前に今まで私がしてきた議論を要約しておこう。私はそれらの原則に立って次のステップを考えることになる。

一、規範がなければゆるしはない。

一、無条件のゆるしは律法に先んずることはないが、律法の実践に先んずることはありうる。

一、無条件のゆるしが悔い改め（律法の実践）に先んずるとしても、そのゆるしは規範、神の公式の言明ではありえない。

一、著者は十字架の贖罪なしのゆるしを主張する。これは著者のゆるしの解釈が原理的にイエスやキリスト教を超えるものであることを示している。

一、著者は「ゆるされなければ存在しえない」と言うが、現実にはありえない。それは実行不可能な道徳に立って神が人を裁くということだがとうてい信じられない。

一、無条件のゆるしは心の中のことである。

まず考えられることは、イエスやパウロはユダヤ人であり、すべてはユダヤ人社会の中の事件であるということである。全能の義なる神の支配、律法、罪、裁きの観念をすべての人が共有していて、いわば事実として受けとっている社会での出来事である。イエスは姦淫の女に対して「わたしもあなたを罰しない」と言い、周囲の人々に対して「あなたがたの中で罪のない者が、まずこの女に石を投げつけるがよい」と言っている。この罰や罪という言葉の向こうにユダヤ的宗教観念のすべてがある。日本人社会では誰もこの言葉を理解しないだろう。「あなたを罰しない」と結果としては同じになるが、「あなたはそのままでいい、行きなさい」とイエスが言ったとしたらどうなるか。ユダヤ人は絶対に承知しないだろう。

「あなたは既にゆるされている」の「ゆるされている」という言葉の中に、先に述べたユダヤ的宗教観念のすべてが含まれている。この言葉を聞いたユダヤ人は、本当は自分が何をしなければならないか、どうあるべきかを思い浮かべるはずである。ブルトマンの言う直接法が命令法に転ずるのはこのときである。直接法の「ゆるされている」の中に既に律法が含まれている。律法は命令法そのものであり、律法がなければゆるされる必要もないのだから。直接法が何か神秘な奥義によって命令法に変ずるのではない。

同様に「取税人たちや遊女たちは、あなたがたより先に神の国にはいる」とイエスが言うとき、人々は神の国という言葉をユダヤ的宗教観念で受けとるのであり、そこには裁きも悔い改めも含まれている。イエスは取税人や遊女がそのまま神の国に入れるとは決して言っていないし、彼らもそれができると思うことは不可能なのである。イエスには取税人や遊女の現実を変える力はないし、姦淫の女もこの先どうなるかわからない。イエスのゆるしの言葉が力を及ぼしうるのはあくまで心情内に限られる。パウロの信仰義認の説も同様である。人の心が変わればいつか社会が変わらないとは言えないけれども。

姦淫の女はゆるされていることを知らないから、今は頭を下げて処罰を受けようとしているのだが、同じことがもう一度おこって、私はゆるされていると律法学者たちに主張したとしたらどうなるだろうか。誰もそれを承知しないはずだが、それはなぜか。イエスが神だとしても、ゆるしは公式の言明ではないのだから、いつでも掟として通用することはない。女性の不倫願望がジャーナリズムを賑わしている今の日本だったら、人々はイエスが不倫を肯定しているものと受けとるだろう。

私は先に禅宗の「衆生本来仏なり」という言葉を紹介したが、これを聞いて、そうですか、このままで私が仏ですか、では好きにしましょうということにはならない。これを聞く人は悟りを求めていて、衆生がそのままで仏でないことを重々承知していて、その「本来」の所を掴みたいと願っている人である。消費者は神様であると言うのとは違うのである。同様に「あなたはゆるされている」という言葉を聞いている人は、ユダヤ的罪悪観念の中に生きている人なので、そのままでいいとは決して思えないのである。

イエスの無条件のゆるし

それではイエスの無条件のゆるしは何だったのか。イエスはなぜあのような言い方をしたのか。私の考えでは、イエスのようなカリスマ的な人はああいう断定的な物言いをするものなのである。「イエスはそこをたち、通りがかりに、マタイという人が収税所に座っているのを見かけて、『わたしに従いなさい』と言われた。彼は立ち上がってイエスに従った」(マタイ九9)。「彼らは漁師だった。イエスは、『わたしについて来なさい。人間をとる漁師にしよう』と言われた。二人はすぐに網を捨てて従った」（マタイ四18 19）。「そしてその人に、『手を伸ばしなさい』と言われた。伸ばすと、もう一方の手のように元どおり良くなった」（マタイ一二13）。イエスが意識してしたかどうか分からないが、われわれの目から見るとこれは一種の話術、レトリックである。「あなたはゆるされている」と告げればその人は「ゆるされた」状態、すなわち悔い改めた人に変わる。それはカリスマ的な人の言葉の力である。イエスが神だとすればそれは神の呼びかけ一方的な贈与の申し出である。われわれがある時、ある所で、ある人に呼びかけるように神が声をかけるのである。それは規範ではなく、公式の言明でもなく、そのとき一回限りの呼びかけなのである。

カウンセリングの専門家の話を聞くと、人は完全にゆるされていると思える相手にしか心を開かないものだと言う。自分がどんな人間で、どんな事をした人間であっても、この人は私をゆるし、私を支えると信じられるとき人は心を開く。心を開いたとき始めて相手の言うことを聞き、相手の意向に従ってもよいという気になるものらしい。「あなたはゆるされている」というイエスの言葉は相手の心を開かせる話術である。イエスのような人は自然に、無意識にそういう話術を使って人々を引きこむ力をもっているのではないか。

受容ということ

「それは、人間の力では跳び越えることのできないその深淵の間に、不信心な者を義とする神が立って、橋渡しをしてくれるからである。その神を信ずる信仰とはそれゆえに、『働き』や『行い』

と同列に論じられるような能動的な行為ではなく、ただ不信心な者を無条件に義としてくれる神を受け入れるという、『受容』としての信仰なのである」。また著者は『マルコによる福音書』三章二九節の『聖霊をけがす罪』について述べている。「ここでの『聖霊をけがすこと』とは、聖霊に満ちて神の無条件で徹底的なゆるしを語っていたイエスを否定して、彼は悪霊だということ、端的に言えば、二八節の無条件のゆるしのことばを否定することを意味していたのである。『すべての罪も神をけがす言葉もゆるされる。しかし、そのゆるしが成立するためには、そのゆるしそのものを否定することだけは決してゆるされるわけにはいかない』。イエスはこのように語りたかったのではないだろうか」。

著者の言わんとすることは明らかである。決してそのままで良いわけではない。ゆるしの宣言、申し出を聞いた人のうち、ある人はそれを受け入れる。誰もが受け入れるわけではない。疑う人、荒唐無稽だと思う人もいるだろう。受け入れたいと思っても、自分の心がついてきてくれないと感ずる人もいるかもしれない。人は自分の心を自由にできるわけではない。受け入れるにはきっかけが必要かもしれないし、時機が熟さなければということもある。無条件のゆるしは気に入っても、その後にくっついてくるキリスト教の教えは信じられないということもあろう。ユダヤ人の文化と日本人の文化は全く違うからである。受け入れると言っても、人の心には表層の部分とより深い層があって、どの部分で受け入れるかの問題もある。教会で洗礼をうける人の中には亡夫がキリスト教の葬式を望んだので、死後も夫と一緒がいいと思って、牧師のすすめるままに洗礼をうける人もいる。信者と呼ばれる人々の信仰の内実もさまざまである。だから今の場合もいろいろな受容の仕方があるはずである。

私は受容と悔い改めは同時に起こるのだと思う。ゆるしは旧約と新約の言葉であって、罪に対しての裁きを前提としている。この言葉は罪の意識のない人には理解できないだろう。罪の意識のある人は罪を犯すことは悪いことで、できれば犯したくないと思っている人である。神に向かって罪のゆるしを祈る人は再び罪を犯したくないと思っている人である。だからゆるしの宣言を受容する人は、その罪を悔い、再び犯すまいと思う人である。罪の意識のない人は悔い改めの心がなく、ゆるしの宣言を聞いても何も感じないだろう。

イエスに「わたしもあなたを罰しない」と告げられた女性は、これから先もう姦淫の罪を犯すまいと、少なくともそのとき心に決めることがなかったら、イエスの言葉を受容することはないはずである。結婚という制度そのものが崩れかかっている現代の女性は不倫に対して、大して罪を感じないことがありうる。彼女にとってそれは彼女の自己実現の道の一つかもしれないのだから。そういう人にイエスの言葉は全く無効であろう。

人の心はうつろうものである。今信じていても明日どうなるかわからない。人はどんなことにも慣れるものである。救われた感激がいつまでも続くことはない。「しかし悲しいかな、人間には、このはずのこと、そうあるべきであることがわかっていても、なおそこで語られる『直説法』を受容することだけをして、そこに結合しているはずの『命令法』に目を注ぐことをせずに、ますます怠惰になり、ダメになっていく危険がある」。著者も人の心がそうしたものであることを認めている。

「俗の世界のただ中でこの福音は語られている。俗の世界のなかの赤裸々な人間の姿は、そのままで、すっぽりと神によって受けとめられ、ゆるされている。しかし、俗の世界はそのままのありかたにとどまっていてよいわけではない」。この言葉は「ゆるされた」と感じている人の自分の過去を振り返っての感慨としてはわかるが、客観的な叙述としてはやはり矛盾である。

神の義と無条件のゆるし

教会があくまで十字架の贖罪にこだわって無条件のゆるしを受け入れないのは義の問題があるからだと思う。旧約の神、キリスト教の神は主、支配者であるから、社会秩序を維持するための規範を支えることを絶対的に要求される。君主が規範を支えなかったら支配体制は崩壊する。教会も人間の集団、一つの社会であり、規範なしには成り立たない。教会が最終的原理として義の信仰を支えなかったら教会は崩壊するだろう。

前に述べたように、旧約の宗教にしろキリスト教にしろ、正統派が贖罪の教理を必要としたのは、それが神の義の要求を満たしたからだと思う。正統派は教会を維持し、旧約の社会、キリスト教社会を維持する責任があった。著者が主張する無条件のゆるしも、その結果必ず人々が悔い改めるとすれば、神の義を回復するための一つの手段とみなし得る。しかし著者の主張するように、ゆるしが悔い改めに先んずるということは理論上神の義の絶対的支配の否定である。それでは教会はやはり困るのだと思う。

イエスは教会をつくらなかったがパウロは教会の設立を自らの使命と考えていたらしい。著者はイエスの無条件のゆるしとパウロの信仰による義認論が同一のものだと主張する。聖書的根拠の議論については私にはよくわからないが、私はこの二つは違っていたのだと思う。例えば、イエスは遊女が先に神の国にはいると宣言したが、パウロはコリント人への第一の手紙五章で、「ある人が父の妻をわがものとしているとのことです。それにもかかわらず、あなたがたは高ぶっているのか。むしろ悲しんで、こんなことをする者を自分たちの間から除外すべきではなかったのですか」と叱っている。その少し先で「わたしが書いたのは、兄弟と呼ばれる人で、みだらな者、強欲な者、偶像を礼拝する者、人を悪く言う者、酒におぼれる者、人の物を奪う者がいれば、つきあうな、そのような人とは一緒に食事もするな、ということだったのです」（五11）と書いている。パウロがここで列挙している罪は法律違反ではなく不徳と言われる程度である。そう言えば遊女や取税人も法律に反してはいない。この手紙が書かれたのは五四年頃だろうと言われているが、この頃教会には既に偶像を礼拝する者も交じっていたのである。もっとも日本の教会のことを考えるとそれほど非難すべきでないとも思えるけれど。兄弟とは信仰によって義とされ洗礼を受けた人である。パウロはこの人たちに再び信仰をもてとは言っていない。そんなことを言っても無駄なことは誰でもわかっていたのだろう。パウロは端的に「悪い者を除き去りなさい」と言っている。

イエスとパウロの違いは教会のあるなしだと思う。教会とは一定の入会規則によって周囲の社会から選別された人々の団体である。パウロがこういうことをしてまで教会を造らなければならなかった動機はよくわからないが、そこがイエスと違う所である。イエスには一時は「女と子供を別にして、男が四千人であった」（マタイ一五38）と言われるほどの群衆が従ったが、そのすべてが消えてしまった時もある。その出入り自由な大衆に向かってイエスは「無条件のゆるし」を告げたのであろう。イエスの活動には反社会的なところ、脱社会的な所が認められる。私は『体制宗教としてのキリスト教』の中の「体制宗教と反（脱）体制宗教」の章でこのことを論じた。『失われた福音書』（バートン・L・マック著、秦剛平訳、青土社）ではイエスは犬儒派的な遊行の賢者とされている。イエスは社会から解放された風狂者だろう。イエスの聴衆は時間的にも場所的にも流動する大衆であったが、パウロ書簡を読むのは社会に定着した人々であった。イエスの宗教はイエスの放浪生活に適合し、パウロの宗教は一か所に定着して生きる人々に適合していたのだろう。

無条件のゆるしのルーツ

著者の説の論理の筋道のルーツは仏教ではないかと私は想像している。その根拠は滝沢克己にある。「このような、太初の昔からすべての人の脚下にある『神われらとともにあり』という『インマヌエルの原事実』を明らかにし、その原事実と、そのことを証しする者としてのイエスとを峻別したことは、すでに亡くなられた滝沢克己先生の大きな貢献であった」。

滝沢克己の主張を著者の書かれた「『十字架の神学』の成立」（ヨルダン社）から引用する。「滝沢神学の根本主張、すなわち『第一義のインマヌエル』＝『神人の原関係』と、『第二義のインマヌエル』＝『ナザレのイエスにおける第一義のインマヌエルの完全な表現・徴』との間の、不可分・不可同・不可逆の関係の主張」。このインマヌエルという言葉はマタイによる福音書に出てくる。「『見よ、おとめが身ごもって男の子を産む。その名はインマヌエルと呼ばれる。』この名は、『神は我々と共におられる』という意味である」（一23）。ここでインマヌエルと呼ばれるのはイエスである。キリスト教ではイエスは神であるからこの言葉には全く不都合はない。しかし滝沢氏の主張は「神人の原関係」がインマヌエルであるということで、ここでの人はすべての人間を指していてイエスだけのことではない。ここに滝沢氏の主張、理論が現れている。もう一つ「神は我々と共におられる」の意味だが、キリスト教で礼拝のとき神が現臨すると言われるときの意味合いは、隣に人が立っているというほどのことだと思う。この意味合いだとすべての人に神が現臨し給うとすることにそれほど無理はない。

昔読んだ本、『現代の事としての宗教』（滝沢克己著、法蔵館）には次のように書かれている。「一言でいって『神即人』という、絶対に不可分・不可同・不可逆なこの一点に……」。私は滝沢神学を研究したことはなく、二、三の著書を読みかじっただけなので、あるいは私の思いつきにすぎないことを恐れるが、ここでは「神は我々と共におられる」が「神即人」にかわっている。この言葉は「衆生本来仏なり」と同じ構造の逆説である。ここで言われている「即」「本来」は、「煩悩即菩提」の「即」であり、臨済録に「赤肉団上に一無位の真人あり、常に汝等諸人の面門より出入す。未だ証拠せざらん者は看よ看よ」と言われていることと同じである。

滝沢氏にとってはインマヌエルよりも「神即人」の方がより親しく、本音ではないかと思う。と言うのは、滝沢氏は西田幾多郎の弟子で、そのすすめでドイツ留学のときバルトに師事しキリスト教を知った。西田の哲学は禅の西洋哲学的表現である。滝沢神学は禅の論理で解釈したキリスト教なのである。

「煩悩即菩提」の「菩提」が神になり、「煩悩」が人になっている。「衆生本来仏なり」の衆生が人で仏が神である。インマヌエルはキリスト教の言葉だが「神即人」は禅の論理である。しかし禅には神はないのだから、「神即人」というとき、キリスト教が半分顔を出しているのが見える。この言葉はキリスト教と禅の間を渡す橋なのである。

「神即人」には神と人との間に裁きの入る余地がありそうにない。もともと衆生が本来そうである仏になるのは、いわば認識の転換、意識の開けによるのであって、裁きとゆるしが割り込む余地はない。しかしキリスト教の神は支配者で裁くものである。ゆるしは裁きの否定であるが、私には、著者のゆるしは神と人との間に裁きがないこと、「神即人」のキリスト教的表現のように見える。そういうわけで滝沢氏の理解では、ゆるしは本来そうあるべきものでそのために十字架の贖罪を必要としないわけである。

以上のように滝沢神学が「インマヌエル・神人の原関係」「神即人」から始まっていることは、そこに歴史も神と人との支配被支配の関係も考慮されていないことの徴しである。私のキリスト教理解では神はあくまでも主、支配者であり、被造物、人民である人間とは本質的に別の存在である。滝沢説の「不可逆」ではこの関係を捉えることはできないと思う。もちろん神が人間と関係をもつには人と共にあることが必須であるがそれは神の働きの一面にすぎないのである。

『体制宗教としてのキリスト教』の「旧約の罪と新約の罪」の章で私は滝沢克己について若干触れた。「したがって、もしも神人の原関係＝生命の太初の約束の主なる神の審判を『最後の審判』と言うなら、『最後の審判』は今此処ですでに、そして刻々に新しく、かつ絶対に免れがたく、私たち各自（の姿、言動）に来ている、と言わなくてはならない」。この人の考える裁きは自然法則の支配と同じく自動的に行われる。人はサリンを吸えば死ぬのである。これは仏教の業《ごう》の思想と同じである。こういう裁きの理解はユダヤ人の法律的思考とは全く違う。その否定であるゆるしも、従って自動的になるわけだが、無条件のゆるしにはそういう意味合いも含まれているはずである。

最後にまとめとして、恐らくイエスの思想にはユダヤ的神観念を逸脱した所があるのだろうと思う。正統的キリスト教の解釈が唯一正しいときまったわけでもないのだから、著者の主張は尊重すべきであろう。ただこの原理によって教会を建てることはできまい。パウロの時代でも、それでは何をしてもいいのかと詰め寄る信徒がいたはずである。日本人信徒はそういうことをしないだろうけれど。教会内で物事を決めるのに、重大なことほど多数決によらざるを得ないし、一人のために九九人を放っておくことなどあり得ない。教会も運営に費用がかかるのだから、一時間労働の人と八時間労働の人を同じには扱えない。おのずから世俗社会の序列を持ちこむことになる。いわんや遊女を優先することなど論外である。

裁きがあるからゆるしがある

無条件のゆるしの思想は、いかなる罪でも何らの償いもなくゆるすということだから、一見これ以上柔《やさ》しい考えは世の中にないと思われるだろう。しかしよく検討してみるとこれほど厳しい思想はないとも言えるのである。そういう点でこれは極めて屈折した、捉えにくい思想ではなかろうか。

ゆるしは裁きを前提としている。裁きがないところにはゆるしはない。裁きはまず規範すなわち神の義があり、それに対する違反があってのことである。またそれは裁く神、主権者、支配者としての神があってのことである。神の義の思想なしには無条件のゆるしはありえない。それも「ゆるされなければ存在しえない」という言葉は人間がそれほど罪深いとみなされていることを示している。罪は義すなわち規範との相関関係にあるわけだから、人間がそれほど罪深いとされるには、人間が人殺しをしたり泥棒をしたりして、現代のわれわれの社会の法律をしょっ中破っているか、もしくは人間は現代のわれわれと同じく全く普通に法に触れることなく生活しているのだが、規範の方がとうていわれわれの手が届かないほど高度であるかのいずれかであろう。われわれはほとんどの人が普通に生活しているのだから、この言葉がわれわれに告げられるときは後者の意味以外にはあり得ない。

普通の人は、どこの国の人でも、社会から糾弾されるような罪を犯すことなしに一生をすごすはずである。それでなければ社会は崩壊するだろうから。そういう人にあなたは本当は死刑に値するほどの悪人なのだと告げれば誰でもびっくりするだろう。教会で、十字架の贖罪を前提にするにしろしないにしろ、あなたはゆるされなければ存在しえない存在なのだと告げることは、あなたはそれほどの悪人なのだと告げているのと等しいのである。しかるに誰もそれに対して反論しようとしないのは、ゆるしの方にばかり気をとられて、その前提条件に思い至らないからであろう。

と言うわけで、無条件のゆるしの思想は、普通の人が全く予想しない、何かひどく高度な道徳的理想があって、それに合格しない人はすべて抹殺してしまうという神の存在を前提としていることがわかる。「兄弟に『ばか』と言う者は、最高法院に引き渡され、『愚か者』と言う者は、火の地獄に投げ込まれる」(マタイ五22)。神はいったいいつからこのように厳しくなったのだろうか。「神は、終始一貫、太初の昔から、この不信心な者を愛し、ゆるし、……」と言われている所から見ると人間が地球上に出現して以来ということらしい。ここで「不信心」とあるのはもちろんキリスト教の神を信じない者という意味ではなく、罪を犯す者という意味であろう。

かつて古代にはエデンの園のような、人間が罪を犯すことなく無垢であった時代があったという説が広く信じられた時代があったらしいが、旧約を読んでも、日本の古事記を読んでも古代では人は簡単に殺されている。昔の社会では人間は遙かに荒っぽくて、内心の微妙な動きを反省したりはしなかったものと思う。とにかく人間が動物の段階から徐々に進化し文明化したとすれば「太初の昔から」神が高度の道徳的理想を人間に要求したとは考えられない。そこでこの「太初の昔から」は「原理的に」というほどの意味に受けとるべきであろう。

この頃池袋や下関の市街で突然男が車を暴走させたり、包丁を振り廻して人を殺傷する事件がおきている。欲求不満が高じて絶望的になったものらしいが、われわれ普通の市民と自認している者でも、こういう事件をおこす可能性が全くないかと問われると、そうと断定はできそうにない。著者がイエスの「反対命題」について「あなたの心の奥底深くまでじっと見つめたときに、なおもあなたはそう言うことができるか」と書いている通りである。「ゆるされなければ存在しえない」ほどの罪人であるという主張は、人間の中にあるこういう幽かな可能性を捉えて、行為になる前の心情において裁くという考え方以外にはあるまい。新約には上述のイエスの言葉以外にも、パウロの言葉がある。『旧約と新約の矛盾』の「信仰によって義とされる」の章で私はローマ人への手紙八章について書いた。「パウロは被造物が虚無に服し、滅びのなわめにあるという。滅びは罪に対する処罰であるから、被造物すべては罪にあることになる」。「個体は生きるために他の生物を殺して食べる。自己の生命を守るためには他と戦わねばならない。自己主張、エゴイズムが道徳的罪であり、完全なる自己放棄を神が喜びたもうとしても、それでは個体は生存できない。罪ということをつきつめて行くと、存在者であること、個体として存在すること自体が罪だとする思想につき当たると思われる」。著者の無条件のゆるしの思想はこれと同じレベルである。人はこれを最も深い思想だと言うかもしれないが私は賛成したくない。なぜパウロはこれほど潔癖な神を信じなければならなかったのか。パウロは自然的生を徹底的に罪悪視し、その上にゆるしの福音を告げようとする。これは人間の精神が自らの存在を喰い破る自虐思想の典型的な例だと思われる。来世信仰がなかったら誰もこれを受け入れまい。

終わりに、「無条件のゆるし」と「ゆるされなければ存在しえない」がなぜ組み合わせられているのか、分離してもよくはないかという疑問がある。私の想像では、もしゆるされなくても平気で生きてゆける人々が片方で存在していては無条件のゆるしの思想は迫力を全く喪失するのではないか。信仰によらずに義とされる人々が側にいては信仰の魅力は半減するだろう。それを防ぐためには原罪説が必要だったのと同じである。

無条件のゆるしで人間はどうなるか

「無条件のゆるし」の思想は人間の根源的な罪深さと神の裁きに対する恐れから来ていることは確かであろう。その感情がどこから著者の中に入ってきたかは分からないが。

もし無条件のゆるしが、本当に完全に無条件であれば、この思想そのものが消滅しているはずだと思う。それは神の裁きを完全に打ち消して零にするだろうから。われわれは裁きなど忘れて好きなことをして楽しく暮らせばよいのである。しかし著者はそうは言っていない。「しかし、聖霊をけがす者は、いつまでもゆるされず、永遠の罪に定められる」（マタイ三29）。この箇所を解説して著者は言う。『すべての罪も神をけがす言葉もゆるされる。しかし、そのゆるしが成立するためには、そのゆるしそのものを否定することだけは決してゆるされるわけにはいかない』。イエスはこのように語りたかったのではないだろうか」。

著者は「太初の昔から、この不信心な者を愛し、ゆるし」と言うが、歴史的にキリスト教は地球上のある地方で二〇〇〇年間信じられただけで、それ以前の人々、それ以外の人々はイエスも、無条件のゆるしも知らない。キリスト教会の人々も大部分は知らないかもしれない。その人たちはゆるされただろうか。この思想を知らないのだから否定しようもないのだが、もしそれを受け入れることが条件だとすれば、知らない人々はゆるされないことになる。その人々が著者の要求する道徳的潔白さにあるなどということはあり得ないのだから、それらの人々は「存在しえない」わけで、すぐに地上から消え去ったであろうか。人間には寿命があるので皆死んだことは確かだが、それはゆるされなかったからではなく、単に他の動物と同じく寿命があるからである。私の知る限り、こういう信仰がないという理由で多数の人々が死んだということを聞いたことはない。とすると「ゆるし」は人間の地上での生死には関係がないのである。キリスト教信仰のない無数の人々が今も昔も生きつづけているのだから、それは間違いない。無条件のゆるしを信じなくても、あるいは全く知らなくても人間は滅びることはない。人間は生物の一種として生まれそして死んできたので、そのことが変わることはない。

次に無条件のゆるしを信ずることは人間の生き方にどういう影響を及ぼすかを考えよう。先に私は「無条件のゆるしは心の中のことである」と書いたが、考えてみるとそれだけと言うことはできない。心の中のことは必ず身体の外に行為となって現れるはずではないか。オウムの麻原彰晃は信仰に立ってサリンを造らせ、幹部の弟子たちは信仰に立って麻原の指示に従いそれを地下鉄に撒布したのである。信仰そのものは心の中のことであるが、それは信仰者の行為となって現れる。

ルターのように強迫的に神の怒りを恐れる人には無条件のゆるしは明らかに効果があった。これは個人的な効果だが、現代でもある人々には救済の力となるだろう。人は青年時代に道徳的反省が極端に過敏になり、「わがつみをあらひてゆきよりもしろくせよな」（戦前の讃美歌五四二番）と憧れて自虐的になることがある。私は昔この讃美歌を好きだった人を知っている。人の心が雪よりも白くなりうるわけはないのだから、汚れていてもそのままでいいのだと納得する以外に逃げ道はない。そのとき無条件のゆるしは効力を発揮する。

無条件のゆるしを告げられた個人の反応を整理すると以下のようになるだろう。

先に述べたように、そのことを理解せず全く反応しない人はそのままで、そのために現実的な苦しみにあうことはない。著者はゆるしは悔い改めをもたらす力があると主張しているが、私は賛成しなかった。罪の意識をもっている人の中には、教会でそれを聞いて解放を実感する人はいるだろう。告げる人、その話し方、雰囲気によって反応はまちまちであろうが。著者も認めているようにいったんは受容した気になったとしても、すぐに効果が消える人もいるだろう。受容は悔い改めを含むと私は書いたが、それが暫くの気分で終わることもあろう。イエスが神の国に先に入ると宣言した遊女や取税人がその仕事を止めることができたかどうかは分からない。

「ゆるされなければ存在しえない」の項で述べたイエスの「反対命題」のような要求に応えることは人には不可能なのだから、ゆるされた後も元のままにならざるを得ない。その人は過度な要求によって自分を苛めることをやめるだけである。それは結局は「罪の肯定」となろう。そのことを私は『体制宗教としてのキリスト教』の中の「新約の宗教の変質」の章で、ボンヘッファーの言葉を引用して述べた。彼はそれは「罪人の義認」ではなく「罪の義認」だと非難しているが、ドイツ人がそれで変わることはあるまい。

ルターの場合は信仰義認から宗教改革が始まり、カトリックが支配する社会体制が崩壊を始めたのだから、無条件のゆるしは歴史を転換する力があることがわかる。私の見るところでは、信仰義認はルターにカトリックと戦う理論的武器を与えたことは事実であるが、宗教改革を推し進めたのは社会の変革を求める世俗的な勢力であったように思える。と言うのはルターは結局プロテスタントのために領邦教会を容認し、カトリックの方向へ半ば後戻りしたからである。私は無条件のゆるしの理論では教会を支えることができないと考えている。

パウロは信仰義認論でユダヤ人を律法の拘束から解放しようとした。ルターは同じくドイツの社会をカトリックの支配から解き放とうとした。著者の無条件のゆるしは原理的にキリスト教以前の立場だから、信仰をキリスト教から解放しようとするのだろうか。恐らくそういうことはあるまい。しかしこの理論が社会体制の硬直から人々を解き放つに有効だとは言えるかもしれない。そのとき解き放たれるのは何だろうか。人間の自由に生きようとする欲望だろうか。

産めよ、増えよ、地に満ちよ

有限なる地球上での人口爆発

一九九八年二月六日付朝日新聞の記事によると、「現在の世界人口約五十九億人が二一五〇年までに百八億人に増加し、二二〇〇年ごろに百十億人前後で安定する」と国連人口部が長期予測を発表した。一一〇億人前後で安定すると予測したのは、主な人口増加の源である発展途上国で頭打ちになると見ているからであろう。これは人類が国家という枠組みの中で生きていることが、その国の人口増加を抑制するのに有効であることを示しているように思える。もし国境がなくて他国に自由に移れるものとしたら、ある国で人口が爆発的に増加しても、そのはみ出した部分は食糧のある国に簡単に移動できるだろうから、全体としての人口増加は止まらないだろう。そのよい例が中国である。中国が一人っ子政策を強行しているのは、これ以上人口がふえてはとうてい食わしていけないし、統治できないと実感しているからに違いない。一九九四年九月エジプトのカイロで開かれた国連主催の国際人口・開発会議では、各国の主権や個人の人権の問題があって、出生率の目標を具体的に設定することはできなかったと言われるが、そのときは抑制の邪魔になった国家の主権が今度は逆に働いているのは面白いことだ。現在の世界人口のほぼ倍にあたる一一〇億人がトラブルなしに生きて行けるものかどうか私にはわからないが、とにかくそのあたりで人口爆発が止まるのはよいことだと思う。二一五〇年には私も妻も孫たちもこの世にはいないのであるが。

カイロの会議で主催者である国連の案にクレームをつけたのは、バチカン（ローマ法王庁）をはじめとするカトリック諸国とイラン、リビアなどのイスラム諸国だという。私はイスラムのことは全く知らないが、バチカンが中絶、人工避妊に反対していることは知っている。中絶が殺人だという主張にはうなずける点もあるが、オギノ式以外のすべての人工避妊は罪だとする根拠はどこにあるのだろうか。私の想像ではこの「産めよ、増えよ、地に満ちて地を従わせよ」という創世記の言葉がその一つであるにちがいない。この多産のすすめは創世記に何度か出てくるが、古代では人力が生産力であり武力であったので、人口がふえることがすなわち国力の増大であるわけで、これはむしろユダヤ民族の願望の表明であろう。しかしそれがひとたび文字となればまた別種の力をもつ。われわれ日本人の感覚では、はるか昔の文書の言葉の一つや二つどうでもいいではないかと言いたい所だが、ユダヤ人やキリスト教徒は聖書の一言一句にこだわって飽きずに議論をする習慣である。

プロテスタントは世界のどこの国でも中絶を容認しているのではないかと思うが、カトリック信者の実態はバチカンの公式声明とは別であるらしい。カトリック国フランスでは一九世紀以来人口は停滞している。カイロ会議のときにも、カトリック教会系NGOのフェミニスト・グループ「自由な選択のためのカトリック」がバチカンに質問状を送って、「人為的な避妊が罪悪だという法王の主張は大多数のカトリック教徒に拒否されている」と言っているが、おそらくこれが実態なので、バチカンの発言は政治的な意図によるものだろう。

環境破壊が人類滅亡の危険を早めることは確かだと思うが、それがなくても、有限な地球上で人口が限りなくふえれば、いずれは土地と食糧の奪いあいの戦争がおこることは間違いない。環境破壊がなくてもそれは起こるのである。以前にイナゴの大群が地表の植物を食いつくして移動し、遂には砂漠に突入して死滅するという小説を読んだ記憶があるが、生物の一種として人類にもそういう危険がないとは言えない。ただ人間には考える力があり、人間は未来に生きていると言ってよい所があって、それが人口抑制に役立つことは期待できよう。

人が生まれることは良いことである。医学の進歩で寿命がのびること、予防医学の進歩で伝染病の大流行を防げること、戦争による大量死がないこと、これらはすべて良いことである。良いことが集まってその結果人口爆発がおこるのだから、人口爆発そのものは良いことである。神が「生めよ、増えよ」と命じているように。それが現代において災厄となったのは一にかかって地球が有限だからである。この理屈は誰にでもわかる簡単なことである。高速道路を車で走っていて、前方に巨大な岩石が落下したとわかれば誰でも速度を落とすだろう。人口爆発でいずれ食糧の奪いあいが起こると知れば産児制限は当然のことだと思うだろう。それは信仰の問題でも道徳の問題でもない。

話を創世記に戻して、もしこれを書くとき神が、というのはユダヤ人がということだが、地球が有限だと知っておれば、「いずれ人間は壁にうち当たって、生まない方がいい時が来る」と一言書き加えておいたであろう。そうすればカトリックは悩まなくてすんだのである。神は中近東だけが世界だと思っていて、地球が有限だということを知らなかった。神は全能でも全知でもなかったのだ。

猿山と人口調節

多くを生み増えることはすべての生物の望みであるらしい。ふんだんな食物と生きるに適切な環境があれば動物はいくらでも増える。しかし食糧が不足し、環境が悪化すれば個体の数が減少することはやむを得ない。人間も動物として「産み、増え、地に満ちる」ことは当然の欲求である。

大分県高崎山の猿のことが数日前の新聞に出ていた。一九五三年調査を始めた頃一六六匹だった猿に人間が無限にエサをやったために、一九七五年には二一二八匹に増えた。一九七五年から人間が餌付けを減らし始めたために増加がとまり、一九九八年一一月の猿口調査では一六八七匹だといい。この新聞記事は結論として、「専門家によると、高崎山の森林（三平方キロ）に収容可能なサルは、自然状態で『百九十四匹』である」と書いている。

姥捨山、楢山節は人口調節の手段である。江戸時代の間引き、水子も同じ。産児制限、人工避妊はもちろんそうである。生産力の低かった時代、とくに飢饉のときなど、老人が生き続けるために食糧が減り、共同体の存続が危うくなれば、老人は地域の境界の外に出て死を待たねばならない。

姥捨山や楢山節の伝説がどの程度事実かは知らないがあり得ることだと思う。殺人は悪であり自殺もそうであるとしても、共同体の危機に際しては赦されなければならない。現代でも炭坑の落盤、火災、水没などの事故で、末端にまだ作業員が残っていることがわかっているのに坑道の閉鎖がなされることがある。いつの時点で決断するかについてはいろいろ異論がありうるにしろ、その事自体は当然の処置として社会に受け入れられている。戦争ではこういう事態は日常のことであろう。

このように考えてくるとカトリック教会があくまで人工避妊を否定する理由はなさそうな気がする。

人工避妊はなぜ悪か

カトリックが固執するのは、「産めよ、増えよ、地に満ちよ」が創世記一章に書かれてある神の言だからである。神は聖であり義であり善である。その神が天地と人間とを創造したのだから、人が生まれることは良いことである。神は絶対的な支配者である。神の言は人間にとって絶対の規範である。被造物である人間のすべての行為の根拠は創造主である神にあって、人間そのものにあるのではない。だから人間が自らの存続を願って、神の言である「産めよ、増えよ」に違反し人工避妊に走ることは認められないとカトリックは考えているのであろう。

人工避妊が悪である理由としてよく挙げられるのはそれが殺人だということである。「産めよ増えよ」は聖書の言葉であるが信徒以外は知らないのだから異教徒には説得力がない。中絶は殺人だと言われる。だが、受胎から誕生までの間のどの時点から人間となるのであろうか。人間でない生物を殺しても罪ではない。人間は動物を殺して食べるのを日常のこととしていて全く罪を感じない。もし誕生のとき人間となるのであれば、それ以前の中絶は罪ではないことになる。しかし胎児が人間の形にだんだん似てくる三か月くらいから後は人間と考えるべきではないかという説はかなり説得力がありそうである。この考え方では現在の日本で、経済的な理由で公然と認められている中絶は全く問題ないことになる。ただしこの考え方は子を産む母親の感情としては素直に納得できるものではなく、どうしても罪の感情が残るらしい。それは胎児が人間になるわけで、胎児と人間は連続していて、いつから人間となるかを決めることができないからであろう。

今カトリック側の論者の説としてよく聞くのは受精の時点で人間となるという説である。受精して細胞分裂を始める時点で人間となるというのは感情的にはついて行けそうにないが、もしそうであるとしても、精子と卵子が単独のときには単なる生き物でしかないのに、受精したときなぜ生き物を脱して人間としての尊厳を獲得すると考えなければならないのか。人体がまだ生きつづけているのに脳死を人の死として切り刻むことを認めようという風潮ととうてい整合できないではないか。そういうことが聖書のどこかに記されているだろうか。私は調べたこともないが、恐らく聖書はそこまで考えついていないはずだと思う。

カトリックは中絶を強く否定する方便として以上のように考えだしたと私は推測するのだが、百歩を譲ってこれを認めたとしたも、人工避妊はすべてが中絶ではなく殺人でもないのだからそれを否定するのはどういう根拠によるのか。結局カトリックの主張は元に戻って神の言「産めよ増えよ」

によることになろう。

人間が生きるための必要悪

私の推測ではこの創世記の言葉は、大国の間にはさまれた弱小民族であったユダヤ人の国力増強のためのものだと思うのだが、ひとたび聖なる文書に書かれれば、信徒にとっては犯すべからざる神の言となる。

共同体が存続するという生物としての欲求が最終原理であれば、姥捨山も水子も必要悪として公式に是認されうる。中絶もまた同じである。しかし神の言はそういうものではない。信仰者にとって共同体の存続は最終の原理ではない。共同体を創造した神の言こそが最終の原理であるから、時としてそれを遵守するために亡びるとしてもやむを得ないのである。ユダヤ人社会では、安息日には原則としてどんな仕事も厳しく禁じられることになっている。紀元前一六七―一二年に行われたセレウコス朝シリアに対するユダヤ人の反乱、マカベア戦争のとき、ユダヤ人は安息日には無抵抗で殺されるままであったという記録がある。それではユダヤ人は「殺してはならない」の十戒の下でどうして戦争ができたのかと問う人がいるかもしれないがその心配はいらない。この戒めはいわば国内法であって、対外的には異教徒はみな殺しにせよという神の言が旧約にはある。

始めに私は「産児制限は当然のことで、それは信仰の問題でも道徳の問題でもない」と書いたが、これは聖書によらない異教徒の、共同体が地上で生き延びるための必要悪だという理論に立っている。現在中国が採用している論理はこれである。もしカトリック的倫理に従うとすれば、早晩中国は人口爆発で国内が政治的に不穏になり、かつての日本のように国外に膨張政策をとり、他国と戦争を構える以外に道はなくなるであろう。ここで言えることは、人間の生物としての存続と神の言とが正面衝突することがありうるということである。社会規範が人間を破滅に追いこむことがありうるのである。人間は生きるために悪を必要とする。

私は『旧約と新約の矛盾』の中の「キリスト教の自然観」の章で、「まず神の国と神の義とを求めなさい。そうすれば、これらのものは、すべて添えて与えられるであろう」（マタイ六33）とあるけれど、そうは行きそうにないのであると書いて、一つの理想的な社会を想定した。そこは有限な広さをもっていて、従って食物の生産能力も有限である。そこで人口が限りなく増大すれば、どこかで人口と、それを養うに足る食物の生産量が拮抗するところがあるはずで、それを超えた人口はこの社会では生存しえない。人は神の言を遵守しえてもパンが不足することが起こりうると書いた。それより先に高崎山の猿の国のことを紹介したが、猿は食物の供給量に応じて猿口を減らした。それがどういうメカニズムによるものか知らないけれど、人間の場合は党派をつくって抗争し、最後は殺し合いになるだろう。

結局唯一の解決方法は神の国と神の義を求めることではなく人口を人為的に減らすこと以外にないだろう。神が創造した人間を人間の都合で人為的に減らすのは神の創造に対する介入であろう。有限な地球上の面積と供給しうる食糧の限度に応じた適正な人口を維持し、そのためには中絶も必要悪として是認すること。その上に神の義と神の国を求めること。生存を保証されなければ人間という動物が神の言を守ることはありえないのだと私は考える。

以上を公式的に表現すると、人間の社会規範、それをつくり上げた人間の精神が自分自身の生を喰い破り破壊し、遂には精神そのものも破滅に至ることがありうるということである。それは人間の精神と生きることとが基本的に矛盾する原理だということかもしれない。これを裏返せば、人間は地上で生きのびるためには悪を必要とする、生きるためには神の言を否定しなければならないことがあるということであろう。

あとがき

この本の中の一番重大なポイントは「人間的実在世界」の章で、「すべての神の行為が成り立たなくなる。活ける神のすべての行為、……」という所である。

キリスト教では神が人間とそっくり同じように考えることになっている。神は人間と話し、指示を与え、愛し、怒り、等々人間の心がすることは何でもすることになっている。人間が考えるには脳の記憶装置が必要であることは確かである。神の思考のメカニズムが人間と全く同じだとしたら、神もまた物質の記憶装置を宇宙のどこかにもっていなければならないことになる。それがなければ神は考えることができないので、活ける神の働きはすべて不可能になる。

今まで神が人間のように考えることは、キリスト教にとって自明のことであった。他の宗教でも神は皆そのようにイメージされていると思う。今までそれが全く疑われてこなかったのは、人間の心は身体とは原理的に別の存在で、はっきり分離されうると信ぜられていたからだと思われる。神は霊であり、人間の心と同じ性質のものだから、人間の心が考えるように神も考えるとして何の不思議もないわけである。しかし現代の脳の研究では、人間の心の働きは脳という物質の活動と密接に結びつき、分離できないと考えられている。この考えが正しければ、身体から分離した霊魂というものがあったとしても、それは心としての活動ができないことになる。コンピュータは記憶装置に貯えられた記憶を処理する。人間の心の働きの中の、考えたり感じたりすることが脳とどういうつながりになっているかは難しくて私にはわからないのだが、その処理する内容の記憶がなければ処理する活動もあり得ないということは間違いないと思われる。人間の場合その記憶は脳という物質に貯えられていると考えられる。人間の心から類推して神の心を想像するとすれば、神も考えるためには物質の記憶装置を宇宙のどこかにもっていなければならない。そういうものは見当たらないし、たとえあったとしてもそれがどんな物か、神がどのようにしてその装置を使うのか全く見当がつかない。

　結局この問題の答えは、先の文章で述べたようにキリスト教は人間の想像力がつくり上げたものだとするか、それが嫌であれば神は非物質的記憶装置なるものを使うとするかのいずれかでなければならないだろう。前者についてはこれまでいろいろ述べてきた。世界に多くの異なった宗教があることの説明としてはこれが最も分かりやすいし、宗教社会学としてはこれ以外の解釈はあるまい。しかしキリスト教は、でなくてもすべての宗教はこのことを認めないであろう。そのときは後者をとらざるを得ない。非物質的記憶装置なるものがあるかどうか確認のしようがないのだから、最後は信仰ということになるだろう。神の存在や復活などと同じである。

以上の議論を読んだ人は、これでは余りに過激だと非難するかもしれない。今のところ私の思いつきは始まったばかりなので、充分考え切ったとは自分でも思っていない。どなたか論理の欠陥にお気づきの方は是非お教え頂きたいと思う。

これ以外でも、キリスト教はその思想の一番根底にさまざまな難問を抱え込んでいると私は感じている。教会の人は伝統的な言葉でお互いに通じあっていると思っているし、外部の日本人は敬虔なクリスチャンの信仰に注文をつけようなどとは思わないものらしい。その狭間のところに私の文章の存在価値があるのではなかろうか。


青野太潮氏とはお目にかかったことはないが、最初の本を出した頃からしばらく文通があった。私のような素人に応答して下さったことに感謝している。その御縁で氏の著書に対する批判、「『無条件のゆるし』について」を書くことになった。氏自身批判的な応答を望んでいると書いておられるので、私の文章を諒とされると思う。

社会評論社の新孝一氏にはまたお世話になった。自分がかいた画と同じで、自分の文章も思いこみから脱却するのが難しく、第三者の批評がないとうまくいかない。おかげで良い本ができて大変感謝している。

二〇〇〇年二月　　　　著者

榎　十四郎（えのき・としろう）

1922年　北九州に生まれる。
1942年　第三高等学校理科甲類卒。
1945年　東京大学第二工学部機械工学科卒。学校、ＹＭＣＡ、商品検査会社、製造工場、人材紹介会社などに勤務。
現　在　日本基督教団所属教会員。
著　書　『旧約と新約の矛盾』（ヨルダン社、1993年）
『体制宗教としてのキリスト教』（社会評論社、1997年）

キリスト教は自然科学でどう変わるか

2000年2月29日　初版第1刷発行

著　者　榎　十四郎
装　幀　佐藤俊男
発行人　松田健二
発行所　株式会社社会評論社
東京都文京区本郷2-3-10　TEL.03-3814-3861／FAX.03-3818-2808
http://www.netlaputa.ne.jp/~shahyo
印　刷　ミラクルプラン＋Ｐ＆Ｐサービス
製　本　東和製本

ISBN4-7845-1404-X　printed in Japan